中国企业赴东盟投资
法律实务指南

王清华　王　彬　施　珵等著

LEGAL PRACTICE GUIDE
CHINESE COMPANIES
INVESTING IN ASEAN

法律出版社 LAW PRESS · CHINA | 北京

图书在版编目（CIP）数据

中国企业赴东盟投资法律实务指南 / 王清华等著.
北京 ：法律出版社，2025. -- ISBN 978 - 7 - 5244 - 0208 - 4
Ⅰ. D933.022.9 - 62
中国国家版本馆 CIP 数据核字第 2025R7H083 号

中国企业赴东盟投资法律实务指南
ZHONGGUO QIYE FU DONGMENG TOUZI
FALÜ SHIWU ZHINAN

王清华
王　彬　等　著
施　珵

责任编辑 屈　瑶
装帧设计 贾丹丹

出版发行 法律出版社
编辑统筹 学术·对外出版分社
责任校对 王语童
责任印制 胡晓雅　宋万春
经　　销 新华书店

开本 710 毫米 × 1000 毫米　1/16
印张 13　　**字数** 177 千
版本 2025 年 8 月第 1 版
印次 2025 年 8 月第 1 次印刷
印刷 保定市中画美凯印刷有限公司

地址：北京市丰台区莲花池西里 7 号（100073）
网址：www.lawpress.com.cn
投稿邮箱：info@lawpress.com.cn
举报盗版邮箱：jbwq@lawpress.com.cn

销售电话：010 - 83938349
客服电话：010 - 83938350
咨询电话：010 - 63939796

书号：ISBN 978 - 7 - 5244 - 0208 - 4　　**定价**：68.00 元
凡购买本社图书，如有印装错误，我社负责退换。电话：010 - 83938349

目录

第一章　东盟十国投资之越南篇

近年来，越南对待外商投资的鼓励政策、广泛的国际合作以及《区域全面经济伙伴关系协定》(Regional Comprehensive Economic Partnership, RCEP)的推进使越南受到海外投资者的青睐。同时，越南在外商投资行业、投资项目、资产和外汇使用层面仍存在较多限制性规定，使外商投资面临不确定性。因此本章将结合越南对外商投资的最新监管规定和越南政府对代表处、有限责任公司、股份公司等不同类型法律实体的设立要求，提示外国投资者在越南进行投资时根据政府监管要求，结合自身商业目的选择合适的法律形式。同时，本章将向读者介绍越南投资的主要投资路径，即新设实体、资产收购和股权收购。如选择新设实体，投资者应结合投资项目的土地需求、投资领域等确认采取合资或独资形式；又如，选择资产收购或股权收购，则应综合考量税收优惠、行业准入门槛与资质等要素。此外，中国投资者可考虑设立 SPV 以隔离风险，降低税负，但需结合越南已签署的双边避税协定以确定合适的 SPV 设立地。总的来说，投资者应当选择合适路径以实现其商业意图，并在投资过程中采取尽职调查、妥善设置争端解决和退出机制等方式降低投资风险，争取商业成功。

一、越南投资的优势

越南共产党在线新闻(Communist Party of Vietnam Online Newspaper)披露的数据显示，2024 年第一季度，越南外国直接投资(Foreign Direct Investment, FDI)规模达到 61.7 亿美元，比上年同期增加 13.4%，已经成

为越南经济增长的关键驱动力。[①] 自由贸易协定、稳定的政治环境、持续的经济改革以及具有竞争优势的劳动成本、对新冠疫情的积极有效处理等因素,更使越南近年来不断吸引诸多外国投资者。

从越南国内政策角度看,越南政府注重吸引外国投资,并于2019年发布第55号决议以增加越南对外国投资者的吸引力,意图在2030年前吸引500亿美元的外国投资。随后于2020年发布新修订的《越南投资法》,[②]确立了越南政府平等对待国内外投资者的原则,放宽了对22个行业的外国投资准入限制(包括特许经营、商业仲裁、债务交易、运输代理、工作服务贸易、汽车维修、造船业、旅行服务贸易、印刷服务等),为外国投资者提供了更加广泛和有针对性的激励措施和支持机制,并对外国投资程序进行了适当简化。此外,越南政府为部分行业(如新能源、先进技术、新材料、节能产品、汽车、软件等)或地区的投资提供投资鼓励政策,如在一定年限内降低企业所得税、免除某些进口关税、提供优惠的土地租金或土地使用费和土地使用税。

从越南对外合作角度看,越南与200多个国家和地区建立了贸易关系,缔结了67个双边投资条约(Bilateral Investment Treaties,BITs),并且是28个含投资条款的多边协定(Treaties with Investment Provisions,TIPs)的缔约方,[③]同时还是16个自由贸易协定的缔约方。[④] 越南签署或加入的国际投资协议包括越南与欧盟签署并于2020年8月1日生效的《欧盟和越南自由贸易协定》(EU-Vietnam Free Trade Agreement,EVFTA),该协定的核心是在欧盟和越南之间几乎完全取消关税,例如

---

① 参见 Vietnam's Economy Prospers in First Quarter,载 Communist Party of Vietnam 网,https://en.dangcongsan.vn/trade-investment/vietnam-s-economy-prospers-in-first-quarter-20001305.html。

② 2020年6月17日,越南国会通过了第61/2020/QH14号《越南投资法》,取代了先前2014年的法规,自2021年1月1日起生效。

③ 完整的越南缔结的双边或多边协定可参见 United Nations Conference on Trade and Development 的统计信息:https://investmentpolicy.unctad.org/country-navigator/237/viet-nam。

④ 参见 Vietnam's FTAs as of August 2023,载 Center for WTO and International TradeVietnam Chamber of Commerce and Industry 网,https://wtocenter.vn/thong-ke/13814-vietnams-ftas-summary-as-of-april-2019。

在10年内消除超过99%的海关税。协定一生效,即有65%欧盟出口越南的商品(按产品类型计算)和71%越南出口欧盟的商品免关税。[①] 该类协议还包括越南于2020年12月31日与英国签署的自由贸易协定,该协定于2021年5月1日生效。这些双边协定或区域协定减少了越南与缔约国之间的贸易和投资壁垒,吸引了外国投资者前往越南投资。

特别值得一提的是,2022年年初对越南正式生效的RCEP有望进一步刺激越南的外国直接投资。一方面,越南与RCEP缔约国有着密切的贸易投资关系,且缔约国涵盖了越南最主要的外国直接投资来源地,高度自由化的RCEP约定有利于外商更便捷地利用越南当地在劳动力、货物价格等方面的优势。另一方面,RCEP为RCEP成员国投资者前往越南投资提供了进一步的投资保障机制,包括:(1)RCEP要求东道国给予缔约国投资者国民待遇、最惠国待遇和公平公正待遇以及充分保护其安全;(2)RCEP要求东道国不得对RCEP缔约国的投资者的投资在设立、取得、扩大、管理、经营、运营、出售或其他处置方面施加或强制执行关于业绩的要求;(3)原则上要求东道国不得对投资直接或通过与之等效的措施进行征收或国有化,除非为了实现公共目的,则可以通过非歧视的方法,依照正当法律程序进行征收或者将其国有化,此种行为要支付补偿;(4)若由于东道国领土内的武装冲突、内乱或者国家紧急状态使投资者遭受损失,RCEP要求东道国应给予投资者不低于在类似情形下给予其本国国民的投资待遇,且不低于基于国际公约给予第三方国家投资者的待遇。这些投资保障机制的确立将更好地促进我国对越南投资。

二、外国投资者在越南投资的限制

(一)外国投资项目需事先审批

虽然越南法律规定平等对待外国投资者和越南国内投资者,但是外

① 参见 Christopher F. Corr, Samuel Scoles: New EU-Vietnam FTA Enters into Force, 载 White & Case 网, https://www.whitecase.com/insight-alert/new-eu-vietnam-fta-enters-force。

国投资者需遵守不同的商业许可证要求以及相关限制。外商投资相关的政府主管部门有：计划投资部、工业和贸易部、财政部、自然资源与环境部、建设部、越南中央银行。人民委员会和工业区管理委员会、省经济区是负责外商投资登记的主要机构。

目前，越南对外国投资者仍设置了较多限制。这些限制主要体现在：限制外资所有权比例；行业限制；具体投资要求；地理限制；对越南合作伙伴资质的要求。根据投资项目的行业、规模和影响，在项目登记过程中可能需要提交国民议会、总理或省级人民委员会批准。

1. 国民议会有权授予涉及以下方面的投资政策批复①

(1)对环境有重大影响或可能对环境造成严重影响的项目，包括：①核电厂；②需要改变以下土地用途的投资项目：50 公顷以上原用于专用林、流域防护林或边防林的土地，或 500 公顷及以上原用于防风、防飞沙、防浪、防海侵的防护林，或 1000 公顷或以上的生产林。

(2)需要改变 500 公顷以上原用于二季以上水稻种植的土地用途的投资项目。

(3)需要移民安置山区 2 万人以上或其他地区 5 万人以上的投资项目。

(4)需要通过国民议会所决定的特殊机制或政策的投资项目。

2. 总理有权授予涉及以下方面的投资政策批复②

(1)无论资金来源，投资项目有以下情形之一的：①需要移民安置山区 1 万人以上或其他地区 2 万人以上的投资项目；②新建投资项目：机场、机场跑道、国际机场客运大楼、吞吐量为 100 万吨/年及以上的机场或机场的货运站；③航空客运业务新投资项目；④新建投资项目：码头、属于特殊海港的港区，或投资资本为 23,000 亿越南盾以上且属于一级海港的码头和港区，或油气加工投资项目；⑤涉及博彩和娱乐场业务的投资项目，不包括外国人从事的有奖电子游戏业务；⑥建设房屋（用

---

① 参见《越南投资法》第 30 条。

② 参见《越南投资法》第 31 条。

于出售、出租、租购）和城市地区的投资项目：土地使用规模在50公顷以上或土地使用规模在50公顷以下但人口规模为15,000人以上的城镇地区，或土地使用规模在100公顷以上或土地使用规模在100公顷以下但人口规模为10,000人以上的非城镇地区的投资项目，以及在主管机关认定为国家级文物或国家特殊文物的文物保护范围内的投资项目（无论土地使用规模及人口规模）；⑦工业园区和出口加工区基础设施建设和经营投资项目。

（2）与电信服务有关的网络基础设施、林业、发行出版领域的投资项目。

（3）同时落入2个及以上省级人民委员会投资审批范围内的投资项目。

（4）依法需要总理批准投资政策或投资决定的其他投资项目。

3. 省级人民委员会①有权授予涉及以下方面的投资政策批复

（1）需要国家划拨、租赁土地而未采取招标、拍卖方式取得土地使用权的投资项目，或需要国家改变土地用途的投资项目，但土地法规定可不经省级人民委员会书面批准的家庭或个人划拨、租赁和改变土地用途的情况除外。

（2）建设房屋（用于出售、出租、租购）和城市地区的投资项目：土地使用规模在50公顷以上或土地使用规模在50公顷以下但人口规模为15,000人以上的城镇地区，或土地使用规模在100公顷以上或土地使用规模在100公顷以下但人口规模为10,000人以上的非城镇地区的投资项目，以及在特别开发区域或特别城镇区域中的历史内城区（根据城市规划项目中确定）进行的投资项目。

（3）高尔夫球场的建设和经营投资项目。

（4）外国投资者在海岛和边境公社、区、乡，或沿海公社、区和城镇，或其他关乎国防和安全的区域实施的投资项目。

① 参见《越南投资法》第32条。

（二）行业准入限制

根据《越南投资法》的规定，越南对外资的限制采取"负面清单"方式，负面清单包括禁止投资清单和限制投资清单两类。禁止投资清单列明了不允许外国投资者投资的行业；限制投资清单列明了允许外国投资者投资的行业，但应满足相关市场准入条件。未列入负面清单的行业，外国投资者与越南本国投资者享受同样的待遇。因此，外国和国内私营实体都有权在越南建立和拥有商业企业，并在未被纳入政府对外商监管的领域内合法地从事商业活动。

根据《越南投资法》的规定，外国投资者被严格禁止在麻醉品交易、化学品和矿产贸易、野生动植物领域进行投资，《越南投资法》附件一和附件二、附件三中对上述领域内禁止投资产品的具体类别进行了明确。同时，外国投资者也被禁止从事鞭炮贸易、催收业务，以及禁止参与与买卖人体组织、人类克隆等有关的商业活动。

此外，为满足国防、秩序、社会安全、社会道德和社区健康的必要条件，《越南投资法》附件四还一般性地规定了任何人均不得投资的行业和限制投资的行业，这些限制同等适用于越南本国公民和企业以及外国投资人，①具体涉及 227 个业务范围。虽然根据法律规定，越南总理可以对个案进行豁免，但是实践中这类豁免或限制条件的降低往往是针对全行业作出的，而非针对具体的投资项目。

除《越南投资法》规定的投资负面清单外，越南还存在未承诺行业的限制，指越南未在国际条约中承诺或国际条约不涉及的行业，外国投资者须遵守项目所在地的规定，如果项目所在地没有规定，则需遵守越南对于该行业的内资限制规定。②

（三）越南的国家安全审查制度

《越南投资法》引入了国家安全审查制度，因此任何投资活动如果

---

① 清单可参见 https://vbma.org.vn/storage/legal-documents/July2021/61_2020_QH14_450214.doc。

② 参见 DavidW.:《投资并购系列：中企赴越南投资法律指南（一）》，载微信公众号"东哥的小菜园"2024 年 4 月 15 日，https://mp.weixin.qq.com/s/Zoc4HRGhLyCr0joSA5q7YA。

对越南的国防安全和国家安全产生威胁或可能引起威胁，均可能面临被暂停、停止或终止的风险。同时，对于涉及位于岛屿、边境或沿海区域的土地或地块的实体的并购交易，《越南投资法》也增加了一项事先批准许可要求，以保障越南国防和国家安全。需要注意的是，由于《越南投资法》未对国防安全和国家安全作出明确定义，因此，实践中执法机关的解释空间较大，外国投资将存在不确定性。

（四）土地使用权方面对外国投资者的限制

越南的土地属于国家和集体，因此，外国人和越南的国民可以取得土地使用权，但是均不能取得土地所有权。土地使用权证书是证明对土地的合法使用权利和土地上所附着资产所有权的法律凭证。土地使用权的期限可以达到50年，在一些落后地区可以延长至70年。

虽然外国人也可以获得土地使用权证书，但是外国人不能直接取得土地，必须先在越南设立法律实体，由项目公司与出租人签署正式的土地租赁协议，并向政府申请颁发土地使用权证书。实践中，外国投资者寻找到合适的项目用地后，需要与土地出租人就备忘录或者报价函达成一致。

根据越南法律规定，如果没有按照土地使用权证书的规定使用土地，土地将归还给政府。如果投资者在连续12个月内不使用租赁的土地，或者从最初的投资时间表起延迟24个月使用土地，政府有权收回土地。投资者可以要求延期使用土地，但延长期限不得超过24个月。需要注意的是，根据2023年11月颁布的《越南住房法》的规定，如果政府认为有利于维护公共或国家利益并促进社会经济发展，且经总理、国民议会或省人民委员会批准，可以征用土地。① 然而，该法对“社会经济发展”的定义并不严格，这导致外国投资者在使用土地方面存在不确定性。

对于外国投资者而言，在越南投资（尤其是收购当地公司股权或实施大型基建项目）需要注意潜在的土地纠纷风险，包括土地使用权期限届满而面临的无法续期、土地的用途是否适合具体的项目、土地的类型

① 参见《越南住房法》第7条。

是否符合投资目的。根据越南法律的规定,外国投资者的土地使用权将根据土地租金支付安排的不同而有所不同,其中外国投资者主要涉及两种类型的土地使用权,具体如表 1－1 所示。[①]

表 1－1 外国投资者在越南的主要土地使用方式

土地类型	权利内容
一次性付清整个租赁期限租金的租赁土地	拥有完整的土地使用权利,可以将土地使用权及土地上的资产进行转让、转租,在租期内抵押或用于出资
每年支付土地租金的租赁土地	有限的权利,可以转让、抵押土地上的资产,但不能转让、转租、抵押土地使用权

此外,由于越南法律规定承租人转租需具备经营不动产业务的资质,因此,外国投资者在租赁承租人转租的土地时,需注意审查承租人与出租人之间的租赁合同,确保承租人有权转租。

三、越南投资的法律形式和投资流程

(一)越南投资的主要法律形式

外国投资者在越南进行投资的形式包括直接投资和间接投资两种,其中直接投资包括设立新的法人实体、对现有法人实体进行出资或收购、与当地或外国投资者签订商业合作合同等。间接投资主要是通过证券交易所购买有价证券、证券投资基金或通过其他金融机构进行投资。

就直接投资而言,外国投资者可以选择新设独立的外商直接投资法律实体,或通过协议约定由当地实体执行商业合作合同,或通过收购现有企业股权实现商业目的。如果投资者不希望在越南新设实体,通常会采用后两种投资形式。而就新设实体而言,常见实体的法律形式主要有代表处、分公司、有限责任公司、股份公司、合伙企业。

---

① 参见 Land Regulations, 载 Embassy of the Socialist Republic of Vietnam in the United States of America 网,https://vietnamembassy-usa.org/basic-page/land-regulations。

1. 代表处(Representative Office,RO)

代表处是企业早期或初创时期采取的形式之一,根据越南法律,代表处属于外国企业实体的附属单位,在越南从事市场调查和商业推广活动,不得参与任何具有直接营利性质的活动。①

2. 分公司(Branch Office,BO)

根据越南法律,分公司也被视为外国企业实体的附属单位。在实践中,分公司在越南并非常见的法律实体。因为只有涉及越南向外资开放的特定领域如银行金融业、建筑服务业②时,外国投资者才可以采取分公司的形式设立实体。分公司可以从事的活动包括:租赁办公室;租赁或购买运营所需的设备和设施;招聘本地和外国员工;将利润汇往国外;根据许可证购买和销售商品,进行商业活动;设立财务、营销和人力资源部门,代表母公司开展业务经营。

3. 有限责任公司(LLC)

越南的有限责任公司主要分两种形式:一人有限责任公司和多股东有限责任公司。

(1)一人有限责任公司(Single-member Limited Liability Company, SLLC)

一人有限责任公司即只有一个所有者。一人有限责任公司并不发行股票,而是只有所谓的"特许资本"(Charter Capital),即以越南盾计价的货币或其他资产。一人有限责任公司具有独立的法人人格,其所有者对一人有限责任公司的责任仅限于其认缴的出资。

一般情况下,一人有限责任公司不得发行股票,但是可以发行公司债券。实践中,在不限制外国所有权的商业领域,外国投资者也可以设

---

① 参见 Types of Business in Vietnam:An Explainer,载 Vietnam Briefing from Dezan Shira & Associates 网,https://www.vietnam-briefing.com/doing-business-guide/vietnam/company-establishment/types-of-company?switch_site=vb。

② 参见 Investing in Vietnam 2021 and beyond Redrawing the Horizon,载 KPMG 网,https://assets.kpmg/content/dam/kpmg/vn/pdf/publication/2021/10/Investing-in-Vietnam-2021.pdf。

立一人有限责任公司。但是,如果一人有限责任公司的股东转让或出售其部分资本给第三方,则一人有限责任公司必须变更法律形式为多股东有限责任公司。

一人有限责任公司可以设立董事会(或称“成员理事会”),也可以设立一人董事。如果设立一人董事,则该人士将被指定为公司主席;如果设立董事会,则需指定其中一名成员为成员理事会主席。一人有限责任公司设有董事长(General Director),管理日常公司业务,其职权类似我国的总经理。董事长往往也同时担任公司的法定代表人。

此外,一人有限责任公司必须设立一名或多名法定代表人,其职权包括:行使公司因交易产生的权利和履行公司因交易产生的义务,在仲裁程序或法庭上代表公司作为原告、被告或有相关利益和义务的人,依法行使其他权利和履行其他义务。一人有限责任公司必须至少有一名法定代表人永久居住在越南,且在只有一名法定代表人的情况下,该人士离开越南前必须书面授权其他生活在越南的人士履行法定代表人权利和义务。如果有多名法定代表人,则职权可以进行分割承担。

一人有限责任公司还必须设立总会计师一职,总会计师有义务与法定代表人共同签署所有财务报表、会计账簿和纳税申报表。

(2)多股东有限责任公司(Multiple-member Limited Liability Company,MLLC)

对于越南法律限制外资股比例或外资进入的行业,外国投资者往往会选择设立多股东有限责任公司或股份公司。

多股东有限责任公司规定股东人数不得超过 50 名。一般情况下,多股东有限责任公司也不得发行股票,但是可以发行公司债券。与一人有限责任公司一样,股东持有的也是所谓的“特许资本”,股东责任仅限于其认缴的出资。

此外,多股东有限责任公司的股东被限制转让或出售其资本给非股东的第三方,除非现有股东放弃优先购买权。

多股东有限责任公司的治理结构与一人有限责任公司类似,但是必须设立董事会(成员理事会),而不能设立一人董事。此外,如果股东认为有必要,也可以设立监察委员会。

4. 股份公司(合股公司,Joint Stock Company,JSC)

根据越南法律,股份公司发行股票,而非“特许资本”。股份公司的股东可以是自然人或实体,股东人数要求不少于3名,且无上限。股东对股份公司的债务和其他财产义务承担责任仅限于其向股份公司投入的登记资本金额。除例外情形,股东可以自由转让其所持股票。股份公司可以发行公司债券,并在越南证券交易所上市。

股份公司可以发行普通股和优先股。但是,发行优先股必须经股东会特殊决议通过,且受限于特殊限制。对于股份公司的股东而言,其在公司设立之日起3年内不得向非公司股东的第三方出售其普通股,除非公司股东会同意其转让或出售。

股份公司的治理结构包括:股东会、管理委员会、监察委员会(但如果股份公司股东人数少于11名且机构股东持有少于50%股份,则不必设立监察委员会)、董事长。

股份公司如果仅设立一名法定代表人,则该人士必须是管理委员会主席或董事长。如果公司章程未另行规定,则由管理委员会主席自动担任法定代表人;如果设立多名法定代表人,则管理委员会主席和董事长自动担任法定代表人。

股份公司的监察委员会由3~5名成员组成,且半数以上必须居住在越南。监察委员会成员不得是公司的管理人员或其近亲属;且除非章程规定,否则也不必是股份公司的雇员或股东。监察委员会的主席必须是专业会计师、审计师或拥有经济学、金融、法律、工商管理或与证券委员会业务相关的其他专业的本科学位。

股份公司至少每年召开一次股东会,需要由持有51%以上有表决权股份的股东出席,涉及有关股份类别、发行新股、章程修订、公司重组或解散、处置35%以上公司资产的事项时,必须由持有65%以上有表决权股份的股东出席。[①] 股东可以通过公司章程设置更高的门槛。

5. 合伙企业(Partnership)

合伙企业在越南可分为普通合伙企业和有限合伙企业。其中,普通合伙企业必须有至少2名普通合伙人,且均需要由自然人担任;有限合伙人可以由组织或自然人担任。根据越南法律规定,普通合伙人承担无限责任,有限合伙人以其投入合伙企业的登记资本金额为限承担责任。合伙企业不允许发行债券、股票,也不能在越南证券交易所上市。

(二)投资程序

根据越南法律,不同的投资形式需要办理不同的许可程序。

1. 新设公司

越南官方的“国家商业登记系统”对企业设立登记信息进行记录、管理。在越南新设公司主要涉及两个步骤。

首先,新设公司的外国投资者必须向各省计划投资部(Provincial Department of Planning and Investment)或特别园区或工业区管理委员会申请获得投资登记证(Investment Registration Certificate,IRC)。一般法定审查时间是收到完整材料之日起15个工作日,但是实践中审查时间往往更长。投资登记证将记录上述机关审核确认的与投资项目有关的内容,如投资者、项目名称、项目目标和规模、投资资本、项目实施计划、满足投资条件、投资激励和限制。

越南规划与投资部(Ministry of Planning and Investment)具体负责外国投资项目的筛选,其将评估投资者的法律地位和财务状况、项目与当地政府经济发展长期和短期目标的兼容性、投资者的技术水平、环境污染情况以及土地使用计划和土地清理补偿情况。投资登记证的申请材料包括以下内容:(1)书面申请文件;(2)投资者主体资格文件;(3)投资项目建议书;(4)证明投资者经济能力的文件(至少包括以下文件之

---

① 参见 Shareholder Meeting Requirements,载 DLP Piper 网,https://www.dlapiperintelligence.com/goingglobal/corporate/index.html?t=08-shareholder-meeting-requirements&c=VN。

一，且系以下文件之一的有效复印件：投资者近2年的财务报表、母公司提供财务支持的承诺、金融机构提供财务支持的承诺、对投资者经济能力的保证或证明投资者经济能力的文件）；（5）土地使用需求建议书、场地租赁协议的复印件或其他可证明投资者有权使用该场地实施投资项目的文件（如工业园区、出口加工区或经济区的开发商租赁土地的谅解备忘录）；（6）涉及使用技术目录所列技术的项目，还应提供申请技术应用说明，且该等技术的转让将受到技术转让法律的限制。

需要注意的是，实践中，根据投资项目的行业、规模和影响，在项目登记过程中可能需要提交国民议会、总理或省人民委员会审核并获得"投资计划决策"的批准，才能提交申请获得投资登记证。

其次，在获得投资登记证后，外国投资者登记成立企业，并领取企业注册证书（Enterprise Registration Certificate，ERC）。一般法定审查时间是收到完整材料之日起3个工作日。企业注册证书将记录公司详细信息，包括：公司名称、注册办公地址、登记资本、所有者的详细信息以及公司的法定代表人。一般而言，企业注册证书的申请材料包括以下内容：（1）注册申请书；（2）公司章程；（3）授权代表的名单以及每位授权代表的有效身份证件复印件；（4）投资者的主体资格的有效证明文件，包括个人投资者的身份证件复印件、机构投资者的有效设立决定/公司证书或同等（效力）文件以及机构投资者的章程或同等（效力）文件的复印件；（5）投资登记证复印件；（6）机构投资者对其授权代表的授权书。

在企业获得企业注册证书之日起90天内，股东需要履行出资义务。在某些类型的投资项目中（如房地产开发项目、以公私合作形式进行的项目），项目公司的注册资本必须达到项目总投资资本的一定比例。除此之外，越南法律对公司最低注册资本无强制要求。但从获得外商投资审批角度出发，注册资本数额应足以让审批机关相信，注册资本能够保障投资项目的真实、可行。以上许可均获得后，企业可以注册公司印章、开立银行账户等。①

总体而言，在越南新设公司需要数月之久：准备申请材料大约需要1个月时间，取得投资登记证和企业注册证书需要2～3个月。实践中，受限于项目的规模和支持性材料获取的困难程度，完成新设公司全部流程的时间进度较难预测，甚至需要更久。

2. 收购现有越南公司的股权

外国投资者向越南公司出资或购买股份、股权资本，主要涉及两个步骤。

首先，投资者需要评估相关股权收购交易是否涉及以下情形之一，如涉及，则必须向省计划投资部提出申请，以获得并购事先批准。这些情形分别是：(1)目标公司的行业属于适用外国投资者附带限定条件的行业范围；(2)收购导致目标公司的外资比例超过50%；(3)出资或收购对国家安全有影响的区域（如海岛、边境和沿海地区）且已经取得土地使用权的目标公司。根据法律规定，省计划投资部应当在收到完整材料之日起15个工作日完成相应事项的审核，但是实践中审核时间往往更长。

其次，在完成上述步骤后或不涉及上述步骤（视情况而定）的前提下：

(1)如果目标公司是一家有限责任公司，则目标公司需向省计划投资部申请股东信息变更，修改其企业注册证书信息；

(2)如果目标公司是一家股份公司，则目标公司需申请省计划投资部就其外国股权结构信息变更作出通知。

根据《越南投资法》的规定，收购现有公司股权并不要求目标公司必须申请变更IRC，但是如果IRC仍然记录原有股东信息，则收购方可以主动要求更新IRC，以删除原有股东的信息。

此外，如果参与集中的相关方达到一定规模，则可能触发越南经营

① 参见Setting Up a Business in Vietnam，载Vietnam Briefing from Dezan Shira & Associates网，https://www.vietnam-briefing.com/doing-business-guide/vietnam/company-establishment。

者集中申报。根据2018年《越南竞争法》的规定，越南竞争委员会（the Vietnam Competition Commission，VCC）已被指定为越南监督并实施并购控制等职责的官方机构，并于2023年4月1日正式成立并开始运作，取代了其前身越南竞争和消费者权益保护局（the Vietnam Competition and Consumer Authority，VCCA）。根据越南法律规定，达到以下任一规模的集中行为，必须办理经营者集中申报：

（1）①参与集中的企业之一，或②参与集中的一方所属关联公司集团在越南市场的总资产在经营者集中发生的上一财政年度达到3万亿越南盾（约1.29亿美元）或以上；

（2）①参与集中的企业之一，或②参与集中的一方所属关联公司集团在越南市场的总销售收入或采购营业额在经营者集中发生的上一财政年度达到3万亿越南盾（约1.29亿美元）或以上；

（3）经营者集中的交易价值（仅限在越南境内发生的部分）达到1万亿越南盾（约4300万美元）或以上；

（4）在经营者集中发生的上一财政年度，参与集中的企业在任何相关市场上的合计市场份额达到20%或以上。[①]

如果经营者集中对越南市场造成或可能造成实质性的限制竞争效果，主管部门将予以禁止。主管部门完成初步评估大约需要30天。在初步评估阶段结束时，主管部门可批准参与者继续进行经济集中，或将申请转入正式评估阶段。主管部门会在通知之日起90天内对拟议的集中行为进行正式评估，对于更复杂的情况，主管部门可要求将评估期限再延长60天。

3. 收购现有越南公司的资产

根据越南法律，外国投资者不能直接从越南卖家处购买资产。因此，实践中，如外国投资者计划从越南卖家处购买资产，通常可能会选择新设一个越南本地实体。如果选择新设公司，则适用前述"新设公司"

① 参见 Vietnam's Antitrust Regime Gets an Upgrade，载 KPMG 网，https://kpmg.com/vn/en/home/media/press-releases/2023/06/vietnam-antitrust-regime-gets-an-upgrade.html。

的流程，即先申请投资登记证，再申请企业注册证书。①

此外，如果涉及购买特定资产（如不动产和汽车、船舶、摩托车、运动枪械），还需在相关政府部门办理登记。如果未经登记，则相关转让无效。

4. 执行商业合作合同

值得注意的是，如果外国投资者采取商业合作合同形式在越南开展投资，也需要履行一定的程序。

首先，签署商业合作合同。合同内容应当包括：(1)合同各方的姓名、地址和授权代表，投资项目的交易地址或地点；(2)商业投资活动的目标和范围；(3)当事人对合同的出资以及当事人之间经营投资成果的分配；(4)合同履行的进度和期限；(5)合同各方的权利和义务；(6)修改、转让、终止合同；(7)违约责任、争议解决方法。此外，合同相关方需成立协调委员会以履行商业合作合同。②

其次，根据《越南投资法》的规定，应当办理投资登记证，③具体流程与新设公司申请投资登记证一致。

最后，如果外国投资者拟为相关项目在越南设立办公处，则外国投资者应向拟设办公处所在地的省计划投资部提交设立办公处的登记申请，取得营业登记证（Certificate of Operation Registration）。一般法定审查时间是收到完整材料之日起 15 个工作日。申请营业登记证的申请材料包括：商业合作合同副本、任命办公处负责人的决定副本、外国投资者在商业合作合同中关于设立办公处的决定、设立办公处的书面申请文件。

---

① 参见 Quick Reference Guide-Vietnam，载 Bakermckenzie 网，https://resourcehub.bakermckenzie.com/en/resources/global-private-ma-guide-limited/asia-pacific/vietnam/topics/quick-reference-guide。

② 参见《越南投资法》第 27 条。

③ 同上。

四、投资路径的考量

（一）独资，抑或合资

在对越南进行投资的过程中，有限责任公司和股份公司是外国投资者的主要选择形式。

一方面，投资者需要考虑是选择独资还是与越南当地伙伴合资设立公司。实践中，可以结合以下因素，考虑是否选择与越南本土合作伙伴进行合资，设立多股东有限责任公司：

1. 是否有土地需求。在房产、酒店等投资领域，土地资源往往来源于越南本地投资者。有些项目初期会以越外合资形式开展，越南本地投资者虽无资本优势，但是可提供土地使用权。项目启动后，外国投资者可逐步买断越南本地投资者所持有的权益进而使合资公司成为外商独资公司。

2. 是否存在外商投资限制领域。针对越南法律限制了外资比例上限的行业，外国投资者必须选择与越南本地投资者合资。比如，在外资证券公司和基金管理公司中，外资比例不得超过49%。设立合资银行的，外资比例不得超过50%，且外国银行提出在越南开业前的一年，必须拥有至少100亿美元的资产。

3. 是否属于敏感或附条件行业。即便相关行业允许外商独资，但是由越方合作伙伴先行设立公司并取得必要的经营许可将更为简便，外方投资者可在合资公司设立并具备经营条件后以投资方式进入公司。中国投资者需要特别关注《越南投资法》附件四所列的227项附带限定条件的行业。①

另一方面，如果决定选择多股东的公司形式，则投资者需要考虑是选择设立多股东有限责任公司还是股份公司。实践中，有限责任公司更

---

① 相较于直接购买土地使用权，通过股权收购取得土地使用权的时间较短。但是在股权交易中，需要确认目标公司土地使用权的抵押情况，如果存在抵押，且收购目标公司股权时，目标公司的土地使用权已经超过租税减免期间，收购方将无法再享有租税优惠。但是在直接购买土地使用权时，新设公司如果在工业园区内开展投资，往往可享受租税优惠，尽管直接购买土地使用权时买方需缴纳VAT，但是VAT可以抵免。

多用于小型企业,股份公司适用于大型企业。一般这种选择需要投资者结合自身投资战略,并考虑多股东有限责任公司和股份公司各自的优缺点加以确定。如果投资者在越南投资规模较大,且希望未来开展资本运作,或者希望募集更多资金,则可以考虑采取股份公司形式,而不是多股东有限责任公司。

(二)股权收购,抑或资产收购

外国投资者需要综合考虑收购目的、目标企业的法律状况和负债情况、目标企业的实质、经济效益以决定究竟选择股权收购抑或资产收购。其中,具有重要影响的因素包括行业特征、目标企业的历史债务、税收、许可证照和资质等。

1. 股权收购

在越南的并购交易实践中,选择股权交易最主要的两大因素包括:一是针对特殊的行业或附条件行业,希望承继目标公司的资质、许可证。二是收购者希望利用原有的税务亏损、税收优惠等好处。根据越南法律规定,公司的税务亏损最多可以从亏损首次发生的当年开始结转 5 年。因此,目标公司在交易前发生的亏损可以在收购后继续从公司的应纳税收入中抵销。如果目标公司享有相应税收优惠政策,则在股权交易后仍可以在规定期限内继续保留。

但是,受让方在股权交易中也将不可避免地继承目标公司的原有债务负担,包括税务负担、金融债务等。因此,在股权交易中,有关目标公司的税务负担和债务状况的尽职调查是必不可少的,尤其是税务负担的后果可能在股权交易完成后若干年才显现,因此建议收购方聘请专业的中介服务机构开展税务尽职调查,并聘请税务律师起草专业的税务补偿条款和陈述保证条款,以维护自身利益。实践中,转让方通常会要求税务机关进行完税,以在股东变更前完成所有历史缴税义务。①

越南法律规定应对股权收购交易的转让方征收资本利得税。具体而言,有限责任公司的股权转让时,转让方需按照其所获收益的 20%

① 股权转让不需要支付登记税。

缴付企业所得税。如果是外国个人投资者,其被视为非税收居民,转让有限责任公司或股份公司时需按照转让收益的 0.1% 缴纳个人所得税。①

如果投资者倾向于选择股权交易,需要考虑的主要因素包括:

(1)外国投资者是否希望承继目标公司的资质、许可证,比如重工业、制造业、医药业、物流业等需要相应资质的行业。

(2)外国投资者是否希望承继目标公司已有的土地使用权。以收购公司股权方式取得土地使用权所需时间较短,且股权交易不需要缴纳增值税。②

(3)目标公司是否享有税收优惠、税务亏损、退税政策。

(4)外国投资者是否希望规避资产交易伴随的增值税、印花税。

(5)目标公司的历史负债(包括金融机构贷款、税务负担)是否在投资者可接受范围内。

2. 资产收购

在某些情况下,由于潜在的负债问题和为税务折旧重新确定资产价值,资产交易可能更合适。资产交易的优势是收购方可以规避潜在的历史负债,③但是也存在一些劣势,主要有以下几个方面:

(1)外国投资者必须先在越南新设实体才能开展资产收购,而不能直接以外国自然人或外国实体身份开展资产收购活动。

(2)在资产交易中,涉及的税赋种类较多,包括增值税、印花税、登记税。

①就增值税而言,越南的大多数资产在转让时都要缴纳增值税,增值税标准税率为 10%,此外就特定类型的资产可以结合实际情况而适

---

① 参见 Quick Reference Guide-Vietnam,载 Bakermckenzie 网,https://resourcehub.bakermckenzie.com/en/resources/global-private-ma-guide-limited/asia-pacific/vietnam/topics/quick-reference-guide。

② 参见 Valerie Teo,Nguyen Tan Tai:Business Transfer in Vietnam,载 Bloomberg Tax 网,https://news.bloombergtax.com/daily-tax-report-international/business-transfer-in-vietnam。

③ 同上。

用税率为 0%、5% 和增值税免税的情形。出售方必须开具增值税发票，并将增值税包含到转让价格中，且在发票中标注。

②就登记税而言，转让需登记的资产需支付登记税，[1]并且要求收购方在办理所有权登记时支付相应的登记税，且于交易日期后 30 天内申报和支付。不同资产的登记税费率不同，土地使用权和房屋的登记税费率是财产价值的 0.5%，而汽车或交通工具的税率为 2% 至 10%。

③就印花税而言，根据越南法律，如果转让需登记的资产，则受让方作为新的资产登记所有人需要缴纳印花税。除少于 10 座的汽车、飞机和船舶外，越南法律规定的印花税上限是 5 亿越南盾，因此，实践中印花税对资产转让双方的影响不大。

(3)在资产交易中，未使用的税务亏损仍属于转让方，因此，资产交易中，受让方不能再利用税亏和税收优惠。如果外国投资者希望在收购时保留且继续使用税亏，则需要采取股权转让的方式。

(4)资产收购的双方需要注重资产转让价格的公允性。越南税务局经常对双方谈定的资产转让价格是否符合市场公允价格提出质疑，并按照税务局认定的公允价格重新确定税基。如果税务局认定资产转让价格不公允，则可能触发新的额外税务负担。

除了需要在越南新设实体外，通常而言，以下几个方面因素将使投资者倾向于选择资产交易的投资路径：

(1)目标公司的历史负债(包括金融机构贷款、税务负担)超出了投资者可接受范围；

(2)外国投资者收购的资产所处行业并非特殊行业或附条件行业；

(3)目标公司本身不具备开展业务所需的相应资质或相应资质再申请比较容易；

(4)目标公司本身并不享有显著税收优惠措施。

虽有上述参考因素，但是需要指出的是，在作出决策前，投资者应当

---

① 参见 Valerie Teo，Nguyen Tan Tai：Business Transfer in Vietnam，载 Bloomberg Tax 网，https://news.bloombergtax.com/daily-tax-report-international/business-transfer-in-vietnam。

结合收购项目的实际情况综合考虑。

（三）投资路径的考量——是否设立离岸公司作为特殊目的载体

1. 设立特殊目的载体的好处

很多跨国企业在开展业务投资时往往会通过离岸特殊目的载体（Special Purpose Vehicle，SPV）实现对越南的投资，包括在新加坡、英属维尔京群岛（British Virgin Islands，BVI）、开曼群岛或中国香港特别行政区等国家和地区设立 SPV，以完成对越南的投资。外国投资者设立 SPV 主要是希望实现如下目的：

（1）纳税筹划，减少或避免税负，特别是股权转让退出时被征收的资本利得税（比如越南可能征收 20% 资本利得税，而新加坡是 0%）；

（2）灵活退出，可以通过转让 SPV 从越南的业务中退出；

（3）避免在越南直接转让股权面临的监管合规要求；

（4）风险隔离，通过设立 SPV 隔离母公司对越南业务的直接责任。

2. SPV，蕴含潜在的税收风险

综上所述，外国投资者采取 SPV 的一个非常重要的考量因素是纳税筹划。在过去，越南法律并未明确规定海外的股权转让是否应征收资本利得税，所以非常多的外国投资者通过设立 SPV 规避缴纳资本利得税。

但是，最近几年，越南税务局开始适用“实质重于形式”的原则，将在越南开展实际业务的离岸公司的股权转让收入纳入“应税收入”，并规定无论实体的设立地是否在越南，只要是源于越南的资本转移所得均应予以纳税。换言之，以有限责任公司为例，就 SPV 的股权转让收入（转让价格与初始成本之间的差额）而言，即使该笔交易是在越南境外进行，也将按照 20% 税率征税。

如果未申报相应资本利得税款，则可能面临以下风险：①

（1）相关个人可能因逃税而遭受刑事处罚；

---

① 参见 What Are Key Considerations When Using Special Investment Vehicles in Vietnam?，载 Vietnam Startup Law 网，https://vietnamstartuplaw.com/what-are-key-considerations-when-using-special-investment-vehicles-in-vietnam/。

(2)股权转让完成后,受让方在越南当地主管部门办理相关手续时可能会面临不可预测的困难,比如拒绝变更越南目标公司的公司名称、高管和法定代表人;

(3)该投资者及其所投资的企业将被越南政府视为具有不良信誉,从而导致将来难以在越南拓展业务。

3. 设立地选择

虽然在税务方面存在隐患,但是考虑到退出时的灵活性,通过设立 SPV 开展对越南的投资还是值得推荐的。

外国投资者对越南开展投资,对于 SPV 设立地的选择也需进行评估,主要应当结合如下因素考虑:

(1)SPV 注册地是否与越南签署双边投资协定、双重避税协定。

(2)SPV 注册地日常维系的成本和费用。比如,在中国香港特别行政区设立 SPV 需要有设立费用和年费、委任会计师的费用,而塞舌尔和萨摩亚相对成本低廉。

(3)是否存在导致丧失援引越南提供的双边或多边协定保护的可能性。出于这方面考虑,不建议选择 BVI 和开曼此类“税收天堂”作为 SPV 设立地。

实践中,中国内地投资者主要选择在中国香港特别行政区和新加坡设立 SPV,以开展对越南的投资。中国香港特别行政区与新加坡均与越南签署了各自的双重避税协定。其中,根据中国香港特别行政区与越南的双重避税协定的规定,如果中国香港特别行政区居民转让一家主要持有不动产的公司 15% 以上股权,越南可以对其征收资本利得税。根据新加坡与越南的双重避税协定的规定,越南不对出售股权的任何收益征税,但主要持有不动产的未公开上市公司的股权除外。

五、中国企业赴越南投资的法律建议

虽然有越来越多的外国投资者进入越南投资,但在越南开展投资也存在相应的风险。比如越南的法律框架不透明,缺少公平的法律投资环境,税务政策环境不稳定,使外国投资者权益受到侵害的风险显著增加。根据 2021 年美国对越南投资的投资报告,多数外国投资者都曾在有关土地、税务和劳动人事等事项方面遭遇困难。① 再加上越南现行法律框架对外商投资仍保留了较多限制，因此，中国企业如选择前往越南投资，在作出相应投资决策前应予以充分考虑和权衡，避免因仓促决策而遭受大额损失。

如果最终决定前往越南投资，应注意采取必要的风险防范措施。具体建议如下。

（一）熟悉越南法律规范

中国企业在赴越南投资前，应对越南投资的法律环境具备基本认识，包括：

1. 了解越南的市场准入规则及其产业负面清单。如果拟投资项目属于越南负面清单中的产业应当及时终止投资。

2. 发现潜在的投资壁垒。如越南在投资项目涉及的特定领域对外资的股比进行限制，则会影响中国投资者投资目标的实现。

3. 了解越南的劳动政策。越南法律规定投资项目中仅专业技术人士、高层管理人员可以招聘外国人。

（二）对合作伙伴/目标公司展开尽职调查

中国企业在越南投资时需要谨慎选择合作伙伴。在与合作伙伴正式签署合作文件之前，建议对合作伙伴展开尽职调查，以确认合作伙伴是否存在欺瞒现象，确认其是否具有合作实力、是否与其描述情况相符，尤其是合作伙伴是否具有其所宣传的资源、许可证、土地、资产等，是否可以投入到新设合资公司中。在确认合作伙伴后，可以通过聘请专业律师与其签署正式的合作文件，包括可能的合资协议、股东协议等文件。

中国企业在越南投资时如采取收购方式，建议对目标公司展开尽职调查，以确认目标公司资产情况、公司债权债务、公司经营情况、财务数据、税务状况、法律纠纷情况。在确认合作伙伴后，可以通过聘请专业律师与其签署正式的合作文件，包括可能的收购协议、股东协议等。同时，

---

① 参见 2023 Investment Climate Statements-Vietnam，载 U. S. Department of State 网，https://www.state.gov/reports/2023-investment-climate-statements/vietnam/。

越南整体税收环境较为复杂，税务机关自由裁量权力较大，建议聘请专业机构开展税务尽调，以充分了解潜在的税务负担，并在交易文件和交易价款中加以落实。

(三)购买海外保险

越南的法律环境不稳定，还存在征收和国有化的情况。中国企业可以通过购买海外保险降低风险。可供选择的海外保险主要包括两种：一种是中国专门承办跨国投资政治风险的保险机构，即中国出口信用保险公司承保的海外投资保险业务，主要针对中国投资者在海外投资时面临的政治风险，险别包括征收险、汇兑险、战乱险以及政府违约险；另一种是多边投资担保机构(Multilateral Investment Guarantee Agency，MIGA)承保的海外投资，该机构在《多边投资担保机构公约》(Convention Establishing the Multilateral Investment Guarantee Agency)下设立，系世界银行集团的一员。

(四)妥善设置退出机制及争议解决机制

就退出机制而言，中国投资者可以在遵守越南法律的前提下，在交易文件中约定其有权逐步出售部分或全部股权给第三方，可以出售的股权包括随售权、拖售权、回购权、优先清算权，进而分情况分阶段逐步撤出东道国投资。合理设置退出机制有利于帮助企业减少时间因素带来的投资成本增加，将风险有效转移。

就争议解决机制而言，根据2023年美国对越南投资的投资报告，越南的政府机构存在较高的腐败风险，[①]法官和仲裁员的专业素养有限，而且越南法院只会考虑承认与越南签订承认判决协议或互惠协议的国家的法院作出的民事判决，除法国外，越南与其他国家签订的双边协议涉及的判决仅限于非商业判决，[②]因此，外国投资者应尽量避免将争议解决条款设置为在越南或外国法院提起诉讼，而应尽量选择仲裁解决争

---

① 参见2023 Investment Climate Statements-Vietnam，载U. S. Department of State网，https://www.state.gov/reports/2023-investment-climate-statements/vietnam/。

② 同上。

端。这是因为越南作为《纽约公约》(New York Convention on the Recognition and Enforcement of Foreign Arbitral Awards)的成员,其法院对执行外国仲裁裁决一直保持开放态度。实践中,外国当事人主要选择越南法律作为管辖法律,选择越南国际仲裁中心或新加坡国际仲裁中心作为仲裁机构。

(五)聘请专业法律团队

无论是风险的预判、风险的预防、还是风险的解决,只有聘请一支高素质的涉外法律人才队伍,才能了解企业在"走出去"过程中的需求,建立"一带一路"企业服务快速响应机制,为企业提供咨询辅导、争议处理等专业化服务。

企业可以利用所掌握的国际律所网络资源,迅速有效地选定高质量的当地律所,快速完成当地律师团队的选聘,明确参与法律尽调、协议谈判的当地律所主办律师。从而充分发挥企业内部法律人员与外部法律顾问相结合的专业支撑优势,在项目进行过程中,紧密配合项目团队,在每个环节把好关,并稳步开展包括法律尽职调查、提出法律审查意见、出具法律意见书等在内的专业法律服务。

第二章　东盟十国投资之菲律宾篇

本章就菲律宾投资的主要优势和限制条件进行了梳理，着重介绍了外商投资菲律宾的主要法律形式和投资程序，并就中国企业对菲律宾投资提出了法律方面的建议。随着《菲律宾发展计划 2023 - 2028》(Philippine Development Plan 2023 - 2028)的有效推行，菲律宾积极修改国内立法、参与国际合作，对外资的吸引力增加，外资在遵循菲律宾负面投资清单关于股权比例限制、最低资本及土地限制规定的前提下，业务开展的自由度相较以往有显著提升。但受限于菲律宾对于外籍企业与菲籍企业的区分，菲律宾投资的法律形式繁多，代表处、分公司、地区总部或地区经营总部等被视为外籍企业投资的主要法律形式，除此之外还包括公司、个人独资企业、合伙企业等菲籍企业，以及新兴的一人公司。结合不同类型法律形式的特点，本章提示投资者在对菲律宾进行投资时，应当选择合适的法律形式，并妥善履行相应投资程序，采取尽职调查、妥善设置交易条款、预留退出机制等方式降低交易风险。

一、菲律宾投资的优势

自新冠疫情渐趋平稳后，菲律宾的经济发展得到快速恢复，根据菲律宾中央银行(Bangko Sentral ng Pilipinas, BSP)的数据，2023 年全年，菲律宾外国直接投资(FDI)净流入达到 89 亿美元，相较 2022 年 FDI 净流入 95 亿美元下降了 6.6%。[①] 尽管如此，2024 年 1 月，菲律宾

---

① 参见 FDI Net Inflows Rise to US $826 Million in December 2023; Full-Year 2023 Level Reaches US $8.9 Billion，载 Bangko Sentral ng Pilipinas 网，https://www.bsp.gov.ph/SitePages/MediaAndResearch/MediaDisp.aspx?ItemId=7026。

外国直接投资净流入达到9.07亿美元，相比同期2023年1月的4.78亿美元增长89.9%。其中，菲律宾FDI主要源于日本和美国的投资，资金主要流向制造业、房地产、建筑业以及批发和零售贸易业等相关行业。① 整体向好的经济发展态势、相对稳定的政治环境、成本较低的劳动力资源和旺盛的国内消费市场，以及与美国、欧盟等国家和地区签署的优惠关税协议，使菲律宾成为东南亚地区吸引外资最多的国家之一。

从国内政策来看，近年来菲律宾频繁更新国内立法，降低外商投资限制。菲律宾国会通过了对《菲律宾外国投资法》、《菲律宾公共服务法》和《菲律宾零售贸易自由化法》的修正案，向外国投资者开放包括电信、铁路等在内的更多投资领域。2022年3月，菲律宾通过《共和国第11647号法案》(Republic Act No. 11647)并对1991年《菲律宾外国投资法》进行进一步修正，降低了对外国投资者雇用菲律宾籍雇员人数等方面的限制性要求，并新设机构间投资促进协调委员会(Inter-Agency Investment Promotion Coordination Committee，IIPCC)以整合贸易和工业部(Department of Trade and Industry，DTI，以下简称贸工部)、财务部(Department of Finance，DOF)、投资委员会(DTI-Board of Investment，BOI)等不同投资促进机构和政府部门出台的各种投资促进政策，为外国投资者提供便利服务。同期，菲律宾还通过《共和国第11659号法案》(Republic Act No. 11659)并对《菲律宾公共服务法》进行了修订，允许外国投资者全资拥有当地指定公共服务领域的企业，但从事公共事业和关键基础设施领域的除外。相关实施规则已于2023年4月4日生效。

从国际合作来看，菲律宾是东盟创始国之一，也是世界贸易组织(World Trade Organization，WTO)、中国—东盟自由贸易区(China-

---

① 参见 FDI Posts 89.9 Percent Growth in January 2024; Records US $907 Million Net Inflows，载 Bangko Sentral ng Pilipinas 网，https://www.bsp.gov.ph/SitePages/MediaAndResearch/MediaDisp.aspx?ItemId=7056。

ASEAN Free Trade Area,CAFTA)等国际性贸易组织的成员国,同时,菲律宾是唯一获准加入"欧盟普惠制+"(Generalized System of Preference +,GSP +)计划的东盟国家,能够以零关税向欧盟成员国出口近6000种产品。[①] 菲律宾也是《区域全面经济伙伴关系协定》(Regional Comprehensive Economic Partnership,RCEP)的重要签约国。2023年2月21日,菲律宾正式批准了RCEP核准书,RCEP自2023年6月2日起正式对菲律宾生效。[②] 菲律宾加入RCEP则意味着菲律宾可享受RCEP项下自由贸易协定(Free Trade Agreement,FTA)的优惠政策,在农业、服装等行业的投资机会可以得到进一步释放。在推进菲律宾与RCEP伙伴经济一体化的同时,也有利于提高菲律宾在全球的竞争力。

二、外国投资者在菲律宾投资的限制

(一)外国投资市场准入制度

《菲律宾外国投资法》对外商投资采取"负面投资清单"(Foreign Investment Negative List,FINL),即针对不属于该等负面准入清单内的项目,外资持股比例可达100%,亦无须经过额外的行政审批,仅需在菲律宾证券交易委员会(Securities and Exchange Commission)或菲律宾贸工部完成注册。而落入FINL范围内的行业,外资持股比例不得超过清单规定的相应限度,并可能需要获得相应行政机关的额外审批。

FINL由A类、B类两份清单组成:A类清单可能随时更新,以反映特定法律的变化;B类清单通常每两年更新一次,由国防部(Secretary of National Defense)、卫生部(Secretary of Health)提出修改意见,国家经济和发展局(National Economic and Development Authority,NEDA)向总统申请批准。2022年6月27日,菲律宾发布第175号行政令(Executive Order No. 175),更新了第12版FINL,为外国投资者投资菲律宾提供了

① 参见EU-GSP-PLUS,载Department of Trade and Industry of the Republic of the Philippines网,https://www.dti.gov.ph/trabaho/eu-gsp-plus/。

② 参见《菲律宾贸易指南(2023年)》,载商务部外贸发展局网,https://www.tdb.org.cn/u/cms/www/202309/281535408xzo.pdf。

更大限度的准入空间，进一步开放了菲律宾的投资领域。截至目前，菲律宾仍适用第 12 版 FINL。以下主要就第 12 版 FINL 的 A 类清单以及 B 类清单分别展开介绍。

1. A 类清单

A 类清单为宪法和法律限制领域，其中包括部分和完全禁止外商投资的领域。

（1）不允许外商投资的领域：

①大众媒体，但录制、互联网业务除外；

②职业实践，包括放射学和 X 射线技术、犯罪学、船舶甲板和工程等列举在第 175 号行政令附件的职业；

③实收资本低于 2500 万菲律宾比索[①]（约 43 万美元）的零售贸易企业；

④合作社，但由曾拥有菲律宾国籍并在菲律宾出生的公民投资的除外；

⑤私人侦探、看守人员或安保代理机构的组织和运作；

⑥小规模采矿；

⑦海洋资源的利用，群岛水域、领海和专属经济区以及河流、湖泊、海湾和潟湖的小规模自然资源利用；

⑧持有、运营、管理飞机驾驶舱；

⑨制造、维修、储存和分销核武器；

⑩制造、修理、储存和分销生物、化学和放射性武器和杀伤性地雷；

⑪制造鞭炮和其他烟火装置。

（2）外资持股不得超过 25% 的领域：

①私人招聘，包括本地就业和海外就业；

②与国防有关的建筑合同。

（3）外资持股不得超过 30% 的领域：

广告。

---

① 菲律宾比索（PHP）为菲律宾的官方货币。

(4)外资持股不得超过40%的领域:

①根据《共和国第9184号法案》(Republic Act No. 9184)实施细则和条例(IRR)第23.4.2.1(b)、(c)和(e)条采购的基础设施项目。

②勘探、开发和利用自然资源。

③持有私有土地所有权,但a.失去菲律宾公民身份,b.依据菲律宾法律规定具有签订合同行为能力且c.在菲律宾出生的公民除外。

④公用事业的运营。根据《共和国第11659号法案》的规定,公用事业仅包含:a.配电;b.输电;c.石油及成品油管道输送系统;d.给水管道分配系统、废水管道系统(含污水管网);e.海港;以及f.公共服务车辆。特别地,电信、国内海运、铁路、地铁等行业不再是公用事业,外国投资者可100%持股。

⑤教育机构,但宗教团体和传教会,为外国外交人员及其家属、其他外国临时居民设立的教育机构,或仅为短期高级技能发展、不构成《第232号国家行动计划》(Batas Pambansa No. 232)第20条定义的正式教育机构除外。

⑥大米和玉米的种植、生产、碾磨、加工、贸易(零售除外),以及通过货物交换、购买或其他方式获取大米和玉米及其副产品。

⑦向政府所有或控制的企业、公司、代理机构或市政企业提供材料、货物和商品的合同。

⑧深海商业渔船的运营。

⑨持有公寓单位的所有权。

⑩私人无线电通信网络。

2. B类清单

B类清单包含可能威胁国防安全、公共卫生和道德的领域,以及国内需要保护的中小型企业所在领域。外资在这些领域投资持股比例不得超过40%。在涉及国防领域进行投资的,还需要获得相应政府部门的许可。具体而言包括以下限制领域:

(1)需要菲律宾国家警察局(Philippine National Police,PNP)许可的产品或成分的制造、维修、储存和分销,包括:①枪支及其零部件、弹药,以及用于或意图用于制造枪支的工具或器具;②火药;③炸药;④爆破用品;⑤用于制造炸药的成分;以及⑥望远镜瞄准器、狙击镜和其他类似设备。但是,相关物品的制造和维修可由菲律宾警察局局长授权给非菲律宾居民,并在相应授权文件中注明外资比例,前提是这些制造或维修的物品必须主要用于出口。

(2)制造和分销危险药物。

(3)桑拿浴室和蒸汽浴室、按摩诊所和其他场所开展的因对公共健康和道德构成风险而受法律监督的类似活动。

(4)所有形式的赌博,但菲律宾娱乐和游戏公司(Philippine Amusement and Gaming Corporation, PAGCOR)投资协议涵盖的范围除外。

(5)实收资本少于20万美元的微型和小型国内市场企业。

(6)满足以下条件、实收资本少于10万美元的微型和小型国内市场企业:①涉及科学与技术部(Department of Science and Technology, DOST)确定的先进技术;②根据《共和国第11337号法案》(Republic Act No. 11337),被贸工部、信息与通信技术部(Department of Information and Communications Technology, DICT)或DOST等牵头主办部门或机构认可的初创企业或初创企业推动者(又称"创业扶持计划");③雇用的员工多数为菲律宾籍,且相关菲律宾籍员工不少于15人。

需要注意的是,根据菲律宾投资委员会发布的指南,"先进技术"主要是指基于有关生物学和物理学的现代科学知识的高科技和新兴技术,其应用涉及物理学、化学、工程学、信息科技等领域的知识。如果外国投资者拟投资方向为前述先进技术领域,则还需向菲律宾科学与技术部申请获得先进技术的认证证书。①

---

① 参见Investors' Guidebook 2022,载Board of Investment of the Republic of the Philippines网,https://boi.gov.ph/wp-content/uploads/2022/07/2022-Investors-Guidebook-as-of-06-June-2022.pdf。

(二)菲律宾对外商投资最低资本的要求

基于外国投资者拟投资菲律宾的行业和设立类型的不同,菲律宾证券交易委员会(Securities and Exchange Commission,SEC)在其官网上公布了不同的最低实收资本的要求。截至 2024 年 3 月,菲律宾对外商投资最低资本要求如表 2－1 所示。①

表 2－1 菲律宾对外商投资最低注册资本要求

企业类型	最低注册资本要求
外资持股比例超过 40% 的国内公司	
国内市场企业	20 万美元
出口市场企业	5000 菲律宾比索(约 87 美元)
分公司(外企分支机构)	
国内市场企业	20 万美元
出口市场企业	5000 菲律宾比索(约 87 美元)
外国人为合伙人之一的合伙企业	
国内市场企业	20 万美元
出口市场企业	3000 菲律宾比索(约 52 美元)
代表处(外企分支机构)	3 万美元
地区总部(外企分支机构)	5 万美元
地区经营总部(外企分支机构)	20 万美元
《共和国第 11595 号法案》(Republic Act No. 11595)项下的外国零售实体,即从事零售业的外国公民、合伙企业,且 40% 以上的已发行股本和有权投票的股本由该外国投资者持有	2500 万菲律宾比索(约 44 万美元)

注:参见《菲律宾零售贸易自由化法》。

此外,基于货物代理、融资、保险等行业的不同,最低实收资本也存在不同。建议中国投资者在向菲律宾进行投资之前通过菲律宾证券交

① 参见 View Minimum Paid up Capital,载 Securities and Exchange Commission of the Republic of the Philippines 网,https://www.sec.gov.ph/wp-content/uploads/2024/03/2024Forms_As-of-March-7-2024-MinimumPaidUpCapital.docx。

易委员会官网查询,确认拟投资行业和设立主体的最低实收资本。

（三）菲律宾对外资使用土地的限制

菲律宾的土地管理部门包括环境与自然资源部、土地管理局,以及房产与城市发展协调委员会和国家经济发展署等直接或间接地控制土地使用的部门。此外,法院有权颁发土地所有权证明。

根据菲律宾宪法规定,菲律宾土地归私人所有,并且禁止外国人通过购买等方式拥有土地,只有依据菲律宾法律组建并且由菲律宾人持有至少60%股权的公司或协会,才能拥有私人土地和占用公共土地。因此,外国投资者如果想在菲律宾获得土地收益,需要在设立公司时就考虑公司的股权结构,并在获得菲律宾投资委员会的许可后,以公司名义参与土地买卖。

除持有土地的限制外,外资企业租赁土地也需符合一定年限要求。根据《投资者租赁法案》(Republic Act No. 7652)的规定,外国投资者在菲律宾租用商业用地最长不超过75年,在满足以下条件时,外国投资者可租赁菲律宾私人土地:(1)土地租赁合同期限为50年;(2)租赁土地仅用于投资用途;(3)租赁合同符合《菲律宾综合农业土地改革方案》和《菲律宾地方政府法案》。[①]

（四）外汇方面的注意事项

菲律宾从20世纪90年代开始进行外汇管理制度改革,解除外汇管制,实行浮动汇率制,在银行体系之外允许自由买卖外汇,也允许在菲律宾境内外自由存储外币,并且可自由用于任何目的。[②] 因此,菲律宾的外汇流出与流入相对自由。

根据菲律宾中央银行发布的外汇交易监管手册(Manual of Regulations on Foreign Exchange Transactions,FX Manual)的规定,外国投资包括外国直接投资(Foreign Direct Investment,FDI)、外国证券投资(Foreign Portfolio Investment,FPI)等形式,这些投资可以以现金或原材

① 《菲律宾综合农业土地改革方案》于1988年颁布,基本奠定了菲律宾现代土地私有制的法律基础,并明确了直接支付、资源出售等土地收购方式。《菲律宾地方政府法案》于1991年颁布,主要规定了由地方政府部门享有管理权限的事项范围。

② 参见《对外投资合作国别(地区)指南——菲律宾(2022年版)》,载中华人民共和国商务部网,https://www.mofcom.gov.cn/dl/gbdqzn/upload/feilvbin.pdf。

料及设备等资产或无形财产转移的方式进行。外国投资通常无须在菲律宾中央银行进行登记，除非服务于资本汇回及汇出股息、利润和收益所需的外汇系自授权代理银行（Authorized Agent Bank，AAB）或授权代理银行外汇公司（AAB Forex Corps）购买。利润汇出至国外一般也不受监管，但是如果从授权代理银行或授权代理银行外汇公司购买外汇，则该等外国投资必须事先已在BSP注册。

三、菲律宾投资的法律形式和投资流程

（一）菲律宾投资的主要法律形式

菲律宾投资的法律形式多样，外国投资者可以选择在菲律宾创办的形式包括公司、个人独资企业和合伙企业等。其中，公司又可以依据是否为股份公司、是否为依据菲律宾法律设立的公司以及是否为单一主体设立的公司而进行分类。以下就外国投资者在菲律宾投资可以选择的法律形式分别展开介绍。

1. 公司（Corporation）

根据《菲律宾公司法》的规定，依据不同的分类标准，公司可以被分为股份公司、非股份公司、一人公司以及外国公司（Foreign Corporation），相关公司均需于菲律宾证券交易委员会领取成立证书。

（1）股份公司与非股份公司

①股份公司（Stock Corporation）

股份公司是指公司股本按股份划分，并被授权以其所持股份为基础向该等股份持有人分配股息或剩余利润的公司，持有股份公司股份的人被称为股东（Stockholders/Shareholders），股份公司的股东可以是自然人、合伙企业、协会或公司。股份公司具有独立法人资格，股东责任以其认缴的股本总额为限。股份公司应当选任董事长、公司秘书和财务主管，其中，公司秘书必须为菲律宾居民。

根据《菲律宾公司法》的有关规定，股份公司在设立时对股东不再有最低人数的要求，但不得超过15名股东，每个股东必须持有至少一股股份，且须在菲律宾证券交易委员会登记。除特殊行业（金融、保险等）外，菲籍公司的实缴资本不得低于5000菲律宾比索，而外籍公司的注册

资本通常不得低于 20 万美元。

②非股份公司(Non-stock Corporation)

根据《菲律宾公司法》的规定,除股份公司以外的所有公司均属于非股份公司,持有非股份公司权益的人士称为成员(Members)。非股份公司不向其成员发行股份,主要是出于慈善、教育或文化等社会公益目的设立。

(2)国内公司和外国公司

①国内公司(Domestic Corporation)

国内公司,是指依据菲律宾法律设立的公司,具体又可以依据外资持股比例不同而分为以下 3 类:

a. 由菲律宾主体 100% 持有的国内公司;

b. 由菲律宾主体持有 60% 股份、由外资持有 40% 股份的国内公司;

c. 由外资持有 40% 至 100% 股份的国内公司。

②外国公司(Foreign Corporation)

与国内公司不同,外国公司主要是指依据除菲律宾以外国家法律设立的公司,由外国人 100% 持股。根据《菲律宾公司法》的规定,外国公司在获得相关许可证和授权证书后,有权在菲律宾开展业务。外国公司包括代表处、分公司、地区总部和地区经营总部。

a. 代表处(Representative Office)

代表处被视为在菲律宾组建并存续的外企分支机构。代表处的经营范围有限,仅能代表母公司在菲律宾境内从事发布信息、沟通联络、促销和质量控制等特定活动,其业务资金均由母公司以补贴的方式提供,不得从菲律宾境内获得收入。

如前所述,代表处设立时,需向菲律宾境内汇入不少于 3 万美元的资本,并需要在菲律宾证券交易委员会登记。代表处应由一名菲律宾居民作为代表。

b. 分公司(Branch Office)

根据菲律宾法律的规定,分公司不具有独立法人地位,是外国公司在菲律宾的分支机构和延伸组织,可以在菲律宾境内获得收益。分公司的设立有一定注册资本要求,通常而言,实收资本不得低于 20 万美元,如分公司涉及先进技术或主要从事出口业务,则注册资本要求略有降低。

在菲律宾设立分公司同样需在菲律宾证券交易委员会注册,并需由一名菲律宾居民作为代表。

c. 地区总部或地区经营总部(Regional Headquarter,RHQ/Regional Operating Headquarters,ROHQ)

根据《共和国第8756号法案》(Republic Act No. 8756)的规定,根据菲律宾以外的任何法律成立、组建并存续的外国商业实体,只要在亚太地区和其他国外市场拥有子公司、分支机构、附属机构,则可申请在菲律宾境内设立地区总部或地区经营总部。

地区总部的业务仅限于充当其在该地区的子公司和分支机构的监督、沟通和协调中心,不得从菲律宾境内获取任何收入,不得以任何方式参与其在菲律宾可能拥有的任何子公司或分支机构的管理,也不得代表其母公司、分公司、子公司、附属机构或任何其他公司在菲律宾开展任何产品或服务的营销行为。地区总部的母公司应向地区总部汇出至少5万美元作为实收资本和年度汇入汇款以支持地区总部的运营。设立地区总部需要获得菲律宾证券交易委员会的许可。

地区经营总部的业务范围稍宽于地区总部,可以从事总体的管理规划、商务规划协调、原材料和配件的采购、市场规划和产品促销、员工培训和管理、数据处理和交换等活动。但是与地区总部受到的限制相同,地区经营总部不得直接或间接代表其母公司、分公司、子公司、附属机构或任何其他公司在菲律宾开展任何产品或服务的营销行为,仅能够向其在菲律宾证券交易委员会注册的分公司、子公司及其他附属机构提供服务。[①] 设立地区经营总部需要20万美元,并需获得菲律宾证券交易委员会的许可。设立银行和金融机构的地区经营总部,则另需获得菲律宾中央银行的许可。

---

① 参见 Register a Regional Operating Headquarters (ROHQ)-Philippines,载 Philippines Business Registration 网,https://philippinesbusinessregistration.com/company-registration/regional-operating-headquarters/。

(3)一人公司(One Person Corporation)

为了促进中小企业发展,同时吸引更多外资,《菲律宾公司法》增加了一人公司作为新的法律形式。一人公司仅需一个人就可以成立公司,其可同时担任股东、董事,自行决定公司的所有业务决策,并且一人公司的所有者仅承担有限责任,公司以其自身资产承担责任,所有者的个人资产能够得到保护。一人公司可以通过特定程序转化为股份公司。

对于外资而言,由于一人公司由股东个人持有全部股权,因此,一人公司仅适用于允许外商完全参与的行业领域,且遵循对于外商投资最低资本的限制,非菲律宾籍国民在设立一人公司时,需至少提供 20 万美元的实收资本。此外,一人公司应在公司成立 15 日内任命公司秘书和财务主管,两者均需为菲律宾公民。

2. 个人独资企业(Sole Proprietorship)

与一人公司类似,菲律宾还允许注册个人独资企业,由个人拥有全部控制权。但是个人独资企业的创始人需承担无限责任,以其个人全部资产对个人独资企业的债务承担责任。

个人独资企业是菲律宾固有的法律形式,在首都地区设立的个人独资企业需在菲律宾贸工部注册,而在各省设立的个人独资企业应向贸工部的省级分支机构递交注册申请。与其他法律实体不同,个人独资企业在运营过程中使用的是个人纳税识别号(Tax Identification Number, TIN),即适用个人所得税税率。

个人独资企业可以分为菲律宾独资企业和外资独资企业。外国实体也可以在菲律宾设立个人独资企业,但前提是其满足 20 万美元的最低资本要求,并且拟从事的业务活动不属于负面投资清单中部分或全部限制的领域。①

3. 合伙企业(Partnership)

合伙企业在菲律宾可分为普通合伙企业和有限合伙企业。其中,普

① 参见 Company Formation in the Philippines: Options for Company Incorporation,载 Incorporation Philippines 网,https://incorporation.ph/incorporation-options/。

通合伙企业必须有至少 2 名普通合伙人,且均需要由自然人担任,合伙人对合伙企业承担无限责任;有限合伙企业由其中一个或多个普通合伙人承担无限责任,有限合伙人承担责任的范围仅限于其对合伙企业的出资额。需要注意的是,根据菲律宾法律规定,任何资本超过 3000 菲律宾比索的合伙企业都必须在证券交易委员会注册,且外国主体以合伙形式进行投资的,不得持有合伙企业超过 40% 的所有权。

(二)投资程序

根据菲律宾法律的规定,新设、并购等不同的投资形式需要办理不同的许可程序。特别是并购包括收购、合并等多种方式。其中,前者收购又可以分为股份收购和资产收购;后者合并又可以分为吸收合并和新设合并。鉴于新设公司以及收购菲律宾公司属于中国投资者投资菲律宾较为常见和普遍的方式,以下主要就新设公司以及收购菲律宾公司进行具体阐述。

1. 新设主体

在菲律宾境内开展业务前,业务实体应当首先在相应的菲律宾政府机关进行注册,获得注册证书,并完成商业名称登记。

(1)针对公司和合伙企业在证券交易委员会的设立登记

根据菲律宾法律规定,公司(股份、非股份公司和一人有限公司)和合伙企业需于成立时向证券交易委员会申请获得注册证书,代表处等外国公司需在菲律宾境内开展活动前向证券交易委员会申请相应业务许可(License to Do Business)。

①公司注册

申请人需要首先在证券交易委员会的公司注册系统(Company Registration System,CRS)中申请注册账号,并提交系统确认拟用公司名称是否可用,如名称被驳回,申请人可通过系统提交申诉信。

名称通过审核后,申请人可在系统中提交其他公司注册所需文件,包括但不限于申请表、公司或合伙企业章程(Articles of Association)、公司创始股东和财务主管的宣誓书(Affidavit)、非股份公司的公司细则(Bylaws)等其他可能被要求提供的文件。如设立外资持股超过 40% 的公司，则还需要提交《外国投资法》项下的申请表。此外，如果申请人希望使用其在其他司法辖区的章程和公司细则，则需要提供该等外国辖区内成立章程和公司细则的认证件。申请人提交相应文件后将由系统统一处理并分配审核员，审核员根据《菲律宾外国投资法》、《反挂名法》（Anti-Dummy Law）等法律法规及其他证券交易委员会的相关规定对公司注册申请进行审核。审核通过后，证券交易委员会向申请人签发设立证明（Certificate of Incorporation）。

需要注意的是：a）对于股东人数在5人以下的公司，包括一人公司，证券交易委员会规定，申请人必须线下申请；b）外国投资者应根据菲律宾中央银行规定，在向菲律宾境内实际汇入资金后1年内向菲律宾中央银行登记注册。

②合伙企业注册

合伙企业在证券交易委员会的注册流程与公司类似，只是提交材料的内容略有不同。申请人申请设立合伙企业的，应当提交包括但不限于如下文件：已签名且带有纳税识别号的合伙企业章程；合伙人为外国人的，可提供纳税识别号或护照号；合伙人为外国企业的，应提供该外国企业的存续证明以及董事会同意该企业成为合伙企业合伙人的董事会决议和任命书等其他可能被要求提供的文件。

③外国公司许可

分公司和代表处在证券交易委员会进行登记时，需要提交的材料包括但不限于申请书；海外公司在菲律宾设立该等分支机构的董事会决议；海外公司的设立章程及英文翻译件；最新经审计的财务报表；汇入资金证明以及银行存款证明；由常驻代理人或主席签署的宣誓书等其他可能被要求提供的文件。

（2）针对个人独资企业在贸工部的设立登记

与前述设立主体的程序不同，在菲律宾设立个人独资企业相对简单，主要由菲律宾贸工部负责。申请人需要向贸工部注册商业名称（Business Name Registration，BNR）以取得注册证明书（Certificate of Registration），并取得当地的执照和许可即可开展运营。

商业名称是任何商业实体在进行交易时与其他实体区分的唯一标志,根据《菲律宾企业名称法》的规定,任何人在未先向贸工部注册企业名称的情况下,使用所有者真实姓名以外的任何名称来经营企业都是违法的。商业名称登记有效期为5年,到期后可申请更新。向贸工部进行商业名称登记后,所有者能够进一步申请商标,以保证企业的商标、名称和产品不受侵犯。

2. 收购菲律宾公司

如前所述,收购菲律宾公司属于并购的方式之一。收购菲律宾公司又可以分为股份收购和资产收购。股份收购,是指买方通过购买目标公司的控股股权来获得目标公司的控制权和所有权;而资产收购则通常是指买方仅仅收购目标公司的原始资产。

总的来说,菲律宾对于资产收购和股份收购并没有特别限制。中国投资者在选择收购的具体形式时,应主要考虑两者的特征与区别:与股份收购不同,在资产收购中,卖方通常保留买方未以其他方式获得或承担的所有资产和负债。相比较而言,股份收购的程序相对更加简单、应用更加广泛,而资产收购往往更为复杂,因为资产收购的交易涉及各类资产和负债转移到买方,而各类资产和负债的转移则需要根据不同的法律要求制定相应的法律文件。此外,不同收购方式的税收各不相同,中国投资者在选择收购方式时也应予以考虑。

需要特别注意的是,相关收购行为只有在税务机关颁发授权登记证书(Certificate Authorizing Registration,CAR)后才能完成交割。而获得授权登记证书的期限主要取决于收购交易的复杂程序、税款计算是否存在争议、是否存在豁免情形等。通常,对于涉及土地或房地产的资产收购,根据交易的总估值和复杂程度不同,可以在提交完整文件要求后15天到1个月内获得CAR。①

① 参见Jorge Alfonso C Melo,Lily K Gruba:At a glance:M&A structures and regulation in Philippines,载Lexology网,https://www.lexology.com/library/detail.aspx?g=aeb035a5-7bbe-4051-b2f5-43aef12d6741。

此外，无论是股份收购还是资产收购，对于达到一定规模的合并与收购交易均应向菲律宾竞争委员会（Philippine Competition Commission，PCC）进行申报。根据菲律宾竞争委员会发布的通知，其进一步提高了需要强制申报的合并与收购交易门槛。具体而言，自2024年3月1日起，满足以下条件的合并与收购交易需要根据菲律宾竞争委员会的要求向其披露该等交易细节并或经其批准：（1）并购方规模（Size of Party，SoP）超过78亿菲律宾比索；（2）交易规模（Size of Transaction，SoT）超过32亿菲律宾比索。[①] 根据《菲律宾竞争法》以及相关实施细则和条例的有关规定，交易方通常应提前30日向菲律宾竞争委员会进行申报，但是菲律宾竞争委员会对交易的审核期限最长可能达到90日。未能妥善履行该等通知义务的，将被处以交易总金额1%至5%的行政处罚。

四、中国企业赴菲律宾投资的法律建议

虽然有越来越多的外国投资者进入菲律宾投资，但在菲律宾开展投资也存在相应的风险。比如菲律宾对于外商投资仍存在一定限制性规定，当地政府机构的行政效率低下，且基础设施不完善。中国企业如选择前往菲律宾投资，在作出相应投资决策前应予以充分考虑和权衡，避免因仓促决策而遭受大额损失。如果最终决定前往菲律宾投资，应注意采取必要的风险防范措施。具体建议如下。

（一）熟悉菲律宾法律规范

尽管近年来菲律宾的外商投资环境在不断改善，但是菲律宾政府对于外商投资仍保留了部分管制，中国企业在赴菲律宾投资前，应对菲律宾投资的法律环境具备基本认识，包括：

1. 了解菲律宾的市场准入规则及负面投资清单。菲律宾的负面投资清单可能不定时更新，因此中国投资者应当及时关注相应修订，以避免投资负面投资清单禁止或限制的外商投资领域。

---

① 参见PCC raises merger notification thresholds：SOP at P7. 8Band SOT at P3. 2B，载Philippine Competition Commission网，https://www. phcc. gov. ph/press-releases/pcc-raises-merger-notification-thres holds-sop-at-p7-8b-and-sot-at-p3-2b/。

2. 了解菲律宾的劳动政策。比如，菲律宾规定外籍员工需通过雇主向劳工部（Department of Labor and Employment）申请就业许可证，非经劳工部批准，不得更换工作或雇主。

3. 了解菲律宾对于外资企业组织架构的强制性规定。如投资项目所涉及的行业对于公司治理结构中的菲律宾籍人士比例有要求，则投资者应当及早选聘相应人员，调整公司管理架构。

（二）对合作伙伴展开尽职调查

菲律宾社会环境复杂，基本属于"熟人社会"，如果未能充分重视对于合作伙伴的调查，可能导致后期本地化运营面临诸多障碍。因此，中国投资者应当在进入菲律宾市场初期就对合作伙伴有充分了解，并展开有针对性的尽职调查，确认合作伙伴的存续情况、基本信息、是否与其描述情况相符。特别是涉及银行、教育、公用事业等的特殊领域，需要重点核查合作伙伴持有相关证照的真实性、有效性、合法性，以保证后期业务能够顺利开展。针对尽职调查中发现的问题，可以在后期交易文件中通过陈述与保证条款降低投资者风险，必要时可购买并购保证保险（Warranty & Indemnity Insurance）保证交易安全。

（三）妥善设置交易文件条款

考虑到在菲律宾投资存在的消极因素，包括菲律宾政府部门的行政效率不高且办事手续繁琐、菲律宾基础设施建设落后、整体投资环境尚未完善等，中国投资者的投资落地存在不确定性。特别地，根据统计数据，在菲律宾办理企业开业登记平均需要 80 天，海关通关时间也较长。[①] 因此，中国投资者如采取设立合资企业或股份收购等方式在菲律宾展开投资，一方面，应当妥善设置交易文件中的交割期限，将因政府审批而可能造成的交易期限延长等不利影响考虑在内；另一方面，由于政府审批进程无法把握，应尽可能避免签订"赴汤蹈火"（Hell or High Water）条款，设置合理金额的"分手费"，以免在交易受阻的情况下遭受

---

① 参见云小妹：《中国企业投资菲律宾需要的了解菲律宾营商环境及税收劳动力等政策》，载 https://redmaomail.com/ask/post/24900.html。

更多损失。

（四）预留灵活退出机制

在菲律宾的外资企业免于无合理补偿的征用，企业经营面临的征收风险相对较低，但是菲律宾的税种多，税率高，税负较重，税务审计周期长，长期来看，企业的运营成本较高。因此，中国投资者在向菲律宾投资时应当选择灵活的公司架构并预留合理的退出机制以降低企业的运营成本。例如，中国投资者可以选择与菲律宾存在税收优惠协定的国家和地区设置特殊目的公司，不仅可以在日常经营中合法转移企业部分利润，还可以在当地运营成本持续增高的情况下通过转让股权的方式退出投资项目。

（五）聘请专业顾问团队

考虑到菲律宾对外商投资仍存在较多限制，且近年来菲律宾频繁修改外商投资的相关法律规定，中国投资者应当尽早选择专业的法律、税务等顾问团队以确保在菲律宾进行相关投资活动时的合法性和合规性。法律团队可以协助中国投资者事先充分了解菲律宾对相关投资项目的法律规定、对合作对象开展尽职调查、起草交易文件、把握交易进度，并在东道国法律团队的帮助下完成公司设立、相关证照的申领，以最大限度争取中国投资者的商业成功。

第三章　东盟十国投资之柬埔寨篇

2021 年以来,柬埔寨制定和修订了包括《柬埔寨投资法》《柬埔寨商业企业法》《柬埔寨商业管理与商业注册法》《柬埔寨竞争法》在内的一系列法律法规,通过明确柬埔寨发展理事会作为投资主管机构,规范主要法律形式、简化投资程序并缩短审批流程,为投资者提供了更加明确且透明的投资法律制度,吸引外商投资。本章将就柬埔寨现行外商投资政策、主要法律形式及投资程序作重点介绍,帮助中国企业了解柬埔寨目前投资环境,建议投资者在作出投资决策前谨慎选择法律形式并遵循法律程序的要求,采取尽职调查、购买保险等方式降低投资风险,实现商业目的。

一、柬埔寨投资的优势

柬埔寨实行开放的自由市场经济政策,凭借其劳动力资源丰富且成本较低,不断吸引中国投资者赴柬埔寨投资。据统计,2022 年,中柬双边贸易额为 160. 2 亿美元,同比增长 17. 5%;对柬埔寨直接投资流量约 6. 3 亿美元;在柬埔寨新签工程承包合同额约 36. 7 亿美元,完成营业额约 22. 5 亿美元。①

从国内政策角度看,柬埔寨制定了较为宽松的外商投资政策。柬埔寨规范外商投资活动的法律依据主要为《柬埔寨投资法》,该法于 2021 年 10 月修订,规定了投资登记程序和主管机构,缩短了审批时间,旨在通过创设透明的投资法律制度以吸引更多投资。2020 年 6 月,柬埔寨

① 参见《2022 年中国—柬埔寨经贸合作简况》,载中华人民共和国商务部网,https://yzs. mofcom. gov. cn/yzjmhz/sbhzjk/art/2023/art_2b419cad54774fc69ef01ba0fe441918. html。

数据交换系统(Cambodia Data Exchange Platform)正式上线,为外国投资者在柬埔寨设立公司提供了更加便利的程序。2022年修订的《柬埔寨商业企业法》及《柬埔寨商业管理与商业注册法》引入了独资企业(Sole Proprietorship)作为新的商业法律形式,新增了任命公司秘书(Company Secretary)负责公司正式文件的接受和管理的强制性要求,旨在提升公司治理能力。柬埔寨还设立了特殊经济区以吸引外国投资。截至2022年,柬埔寨有24个经济特区,这些区域为公司提供土地、基础设施和服务,以促进企业的建立和运营。①

从对外合作角度看,截至2025年4月底,柬埔寨缔结了27个双边投资条约(Bilateral Investment Treaties,BITs)、20个带有投资条款的多边协定(Treaties with Investment Provisions,TIPs)以及22个投资相关文件。其中,自1994年起,柬埔寨与马来西亚、泰国、中国、瑞士、新加坡、韩国、德国、印度尼西亚、法国、菲律宾、越南、荷兰等27国缔结双边投资条约。② 1999年,柬埔寨加入东盟,柬埔寨同样受东盟与其他国家签署的自由贸易协定关税减让的约束。2010年1月1日,中国—东盟自贸区的全面建成,进一步为中柬经贸合作开辟更加宽广和畅通的渠道,提供更多的机会。2020年10月12日,中柬两国签署《中华人民共和国政府和柬埔寨王国政府自由贸易协定》,推动双边经贸关系提升到了新的水平。2020年11月15日,柬埔寨签署了《区域全面经济伙伴关系协定》(Regional Comprehensive Economic Partnership,RCEP)。

二、柬埔寨对外商投资的限制

(一)市场准入限制

柬埔寨给予外国投资者与本土投资者同等待遇,除《柬埔寨投资法

① 参见2023 Investment Climate Statements-Cambodia,载U. S. Department of State网,https://www. state. gov/reports/2023-investment-climate-statements/Cambodia/。

② 完整的柬埔寨缔结的双边或多边协定可参见United Nations Conference on Trade and Development的统计信息,https://investmentpolicy. unctad. org/international-investment-agreements/countries/33/Cambodia。

修正实施条例－111号令》负面清单①列出的禁止柬埔寨国内外实体从事的投资活动外，其他行业均对国外投资者开放。禁止投资的领域包括：

1. 神经及麻醉物质生产及加工；

2. 使用国际规则或世界卫生组织禁止使用、影响公众健康及环境的化学物质生产有毒化学品、农药、杀虫剂及其他产品；

3. 使用外国进口废料加工发电；

4. 森林法禁止的森林开发业务。

2021年修订后的《柬埔寨投资法》适用于合格投资项目（Qualified Investment Project，QIP）、合格投资项目的扩展计划（Expanded Qualified Investment Project，EQIP）和仅获得投资担保的投资项目（Guaranteed Investment Project，GIP）等投资项目，并对获批取得注册证书的合格投资项目给予激励政策。例如，注册为QIP的投资项目有权享有3年至9年的所得税豁免、免税出口等基本鼓励政策以及其他额外优惠和特别优惠待遇。② 2023年6月25日，《柬埔寨2021投资法实施条例－139号令》发布，以负面清单的方式列举了不构成QIP且不享有相应优惠待遇的投资项目类型。③ 这意味着，除《柬埔寨投资法修正实施条例－111号令》和《柬埔寨2021投资法实施条例－139号令》中的负面清单规定的项目类型外，其他投资项目均可申请注册为QIP。

因此，为享受柬埔寨投资优惠政策，投资者通常会（但无义务）向柬埔寨发展理事会（Council for the Development of Cambodia，CDC）申请以设立合格投资项目。④ 投资者也可通过线上平台（Qualified Investment Projects Online，QIP Online）提交投资申请。柬埔寨发展理事

---

① 参见《柬埔寨投资法修正实施条例－111号令》附件1。

② 参见《柬埔寨投资法》第26条。

③ 参见《柬埔寨2021投资法实施条例－139号令》附件1。

④ 参见Jay Cohen，Nitikar Nith：Snapshot：foreign investment law and policy in Cambodia，载Lexology网，https://www.lexology.com/library/detail.aspx?g=645d4fe6-79bf-4580-b4a1-ea14db6bcf62。

会作为外商投资监管的主要政府部门,负责对投资人申请注册的投资项目进行评估和审批。若柬埔寨发展理事会经审查后认为所申请的投资项目不属于负面清单禁止的范围,应在20个工作日内向申请人颁发注册证书(Registration Certificate),已获得注册证书的投资项目可自行实施。①

(二)柬埔寨的外商投资审查制度

《柬埔寨投资法》要求,除现行法规对土地所有权的限制(相关内容见下文)外,外国投资者不因其外国国籍而受到区别对待。因此柬埔寨没有对外商投资活动采取额外的外商投资审查。但前提是,投资者应确保投资领域不违反柬埔寨负面清单的相关规定。

(三)土地使用权方面对外国投资者的限制

《柬埔寨土地法》和《柬埔寨投资法》及其修正法案对土地所有权及使用进行了规定。外国投资者仅可通过合资企业方式拥有柬埔寨土地所有权,且外国资本持股比例不得超过49%。但是外国投资者控股的企业可以通过特许、无限期租赁、长期租赁和可续期短期租赁等方式取得土地使用权。② 外国投资者无权拥有附着于土地的不动产,但在一定条件下可以拥有不与土地相连的建筑楼层的产权。③

关于土地所有权,柬埔寨仅限于柬埔寨籍自然人或法人拥有土地所有权,禁止外籍自然人和法人拥有土地。用于投资活动的土地,其所有权须由柬埔寨籍自然人,或柬埔寨籍自然人、柬埔寨籍法人直接持有51%以上股份的法人所有。关于土地特许权,仅可在特许合同规定的时间内设定权利。且土地特许面积不超过1万公顷,特许期限不超过99年。关于土地租赁,分为无限期长期租赁和固定期限租赁,其中固定期限租赁包括短期可续期租赁和15年或以上长期租赁。④ 同时,《柬埔寨民法典》第247条规定,对于《柬埔寨民法典》颁布以后发生的租赁,租

---

① 参见《柬埔寨投资法》第12条。

② 参见《柬埔寨土地法》第106条。

③ 参见《柬埔寨外国人在联合产权建筑中享有私人楼层产权法》第5条、第6条。

④ 参见《柬埔寨土地法》第9条、第12条、第59条、第61条、第106条。

赁期最长不超过 50 年。①

外国投资者在柬埔寨开展投资项目应当注意土地使用权方面的法律风险,由于前期长时间战乱,柬埔寨众多土地所有权权属证明文件及地块登记资料丢失,因此外国投资者在签订土地租赁、按土地所有权分配利益的合同前,应当核实土地所有人的所有权。

(四)外汇方面的注意事项

柬埔寨货币为瑞尔(KHR),但是美元在柬埔寨广泛流通,且是大多数大型交易的主要使用货币。

1997 年的《柬埔寨外汇法》规定,通过授权银行进行的外汇业务不应受到限制,但是,授权银行必须定期向柬埔寨国家银行报告任何等于或超过 10 万美元的转账金额。②

《柬埔寨投资法》规定,投资者有权通过经许可的银行系统自由购买外汇,并具有将外币汇往国外以清算其与投资活动有关的财务义务。这些财务义务包括:出资,其中包含初始出资;转汇投资产生的收入、资本收益、分红、版税、许可费、管理和技术服务费、利息,以及其他所得收入;转汇全部或部分出售或解散项目投资公司的所得收益;支付进口相关费用以及偿还国际贷款的本金和利息;支付动乱、政府征收或征用时的补偿;支付各类争议解决机制产生的赔偿款;转汇其他收入和员工报酬。③

在柬埔寨商业主管部门注册的企业均可开立外汇账户。需要注意的是,此前人民币在柬埔寨不能自由流通,中资企业不能使用人民币在柬埔寨开展跨境贸易和投资合作。2023 年 11 月 21 日,中国和柬埔寨签署《在柬埔寨建立人民币清算安排的合作备忘录》,该协议将使柬埔寨企业能够更方便地用人民币与中国进行金融交易。

(五)征收方面的注意事项

2009 年年底,柬埔寨国民议会批准了《征收法》(Law on Expropriation),

① 参见《柬埔寨民法典》第 247 条。
② 参见《柬埔寨外汇法》第 5 条、第 17 条。
③ 参见《柬埔寨投资法》第 19 条。

该法对出于公共利益目的的土地征收程序制定了广泛的指导方针。《征收法》将公共利益活动的范围定义为包括基础设施项目的建设、修复、保护或扩建,以及为国防和民事安全开发建筑物,包括建设边境口岸、研究和开发自然资源的设施以及石油管道和天然气网络。[①] 此外也可以因自然灾害和紧急情况而由政府作出征收决定。[②]

根据中国与柬埔寨签署的《中华人民共和国政府和柬埔寨王国政府关于促进和保护投资协定》(Agreement between the Government of the Kingdom of Cambodia and the Government of the People's Republic of China for the Promotion and Protection of Investment)第4条的规定:"缔约任何一方不应对缔约另一方的投资者在其领土内的投资采取征收、国有化或其他类似措施(以下称"征收"),除非符合下列条件:(一)为了公共利益;(二)依照国内法律程序;(三)非歧视性的;(四)给予补偿。"因此,结合我国与柬埔寨缔结的双边协定,如果柬埔寨政府对我国投资者在柬埔寨的资产进行征收,柬埔寨政府有义务提供适当补偿。值得注意的是,适当补偿并非充分补偿。

三、柬埔寨投资的法律形式和投资流程

(一)柬埔寨投资的主要法律形式

若投资者计划对柬埔寨开展直接投资,可以选择新设法律实体,或通过收购现有企业股权实现商业目的。其中就新设实体而言,外国投资者可以在柬埔寨设立代表处、分公司或者在柬埔寨设立由外资持股51%以上的子公司(Subsidiary)。子公司可以是合伙企业的形式,也可以是私人有限公司或股份有限公司的形式。除柬埔寨负面清单禁止投资的领域(包括土地所有权)外,外国投资者新设实体并经商业部注册后,可以从事投资活动。[③]

---

① 参见2023 Investment Climate Statements-Cambodia,载U. S. Department of State网,https://www.state.gov/reports/2023-investment-climate-statements/Cambodia/。

② 同上。

③ 参见《柬埔寨商业企业法》第284条至第286条。

1. 代表处(Representative Office,RO)

若投资者不希望直接在柬埔寨设立公司,可以先设立代表处,以便于初步了解柬埔寨投资和市场环境。

代表处不是独立的法律主体,其法律责任最终由总公司承担。根据《柬埔寨商业企业法》规定,代表处可以开展客户接洽、市场调研、参加展览、租用办公室并雇佣当地员工等工作,但不能从事营利行为,包括而不限于购买或销售商品、提供服务或开展生产、加工和建筑活动。①

代表处应与总公司同名,如"XYZ 股份有限公司的代表处"。②

2. 分公司(Branch)

投资者在柬埔寨设立分公司的,可以从事的业务范围较前述代表处更加广泛,除代表处被允许从事的活动外,还可以定期购买或销售货物、提供服务,或开展生产、加工和建筑活动,但是负面清单中禁止外国投资者投资的领域除外。③

外国投资者在柬埔寨设立的代表处和分支机构均是该外国实体的代理人,不具有独立于该外国实体的法人资格。④

在柬埔寨设立分公司时,应向柬埔寨商业部提供总公司和分公司的相关文件和信息,包括而不限于总公司登记地、公司结构。分公司应与总公司同名,如"XYZ 股份有限公司的分公司"。⑤

3. 合伙企业(Partnership)

柬埔寨的合伙企业分为普通合伙企业(General Partnership,GP)和有限合伙企业(Limited Partnership,LP)。其中,普通合伙企业必须有 2 名或 2 名以上普通合伙人构成,所有普通合伙人对普通合伙企业承担连带责任。有限合伙企业由 1 名或 1 名以上普通合伙人与 1 名或 1 名以

---

① 参见《柬埔寨商业企业法》第 274 条。

② 参见《柬埔寨商业企业法》第 276 条。

③ 参见《柬埔寨商业企业法》第 278 条。

④ 参见《柬埔寨商业企业法》第 271 条。

⑤ 参见《柬埔寨商业企业法》第 281 条;参见《柬埔寨投资手册》,载 KPMG 网,home.kpmg/content/dam/kpmg/kh/pdf/publication/2022/kpmg-investing-in-cambodia-2022-and-beyond-chinese-simplified. pdf。

上有限合伙人构成，其中普通合伙人承担无限责任，有限合伙人仅以其同意出资的金额或财产价值为限承担责任。①

4. 有限公司（Limited Company）

在柬埔寨，有限公司是投资者常用的法律形式，通常是作为投资者的境外控股公司在柬埔寨的子公司而设立。有限公司的股东可以是自然人或法人，股东对公司的责任以其认购的股份价格为限。

有限公司可以为柬埔寨本地资本100%持股或由外国资本100%持股，也可以由柬埔寨资本和外国资本合资设立。对于合资公司，柬埔寨籍自然人或实体持股比例超过51%的公司被视为柬埔寨籍公司，否则为外资公司。需要注意的是，外资公司不得拥有柬埔寨土地所有权。

2022年修订后的《柬埔寨商业企业法》要求，有限公司应当任命公司秘书负责公司文件的管理工作，同时取消了最低发行股份的要求。②《柬埔寨商业企业法》未规定最低注册资本要求，仅对某些授权活动设有最低资本额限制。③

《柬埔寨商业企业法》规定，柬埔寨的有限公司可进一步细分为私人有限公司（Private Limited Company，LLC）和公众有限公司（Public Limited Company，PLC）。

（1）私人有限公司

私人有限公司，通常可以有2名至30名股东，不得对外公开发行股票。根据《柬埔寨商业企业法》规定，私人有限公司应任命至少1名董事（没有国籍要求），对内负责管理公司事务，对外代表公司。《柬埔寨商业企业法》未要求设置监事，而《柬埔寨民法典》第62条规定法人应

---

① 参见《柬埔寨商业企业法》第8条、第42条、第64条、第72条。

② 此前《柬埔寨商业企业法》第144条第1款规定，若章程未规定股份数量和价格，有限公司应发行至少1000股，每股面值不低于4000瑞尔，该款规定被2022年修正案删除，参见Heng Chhay，Hout Sotheary：Key Amendments to Law on Commercial Enterprises & Commercial Rules and Register，载Lexology网，https://www.lexology.com/library/detail.aspx?g=11d744e4-0209-40e2-b1ee-3a64f30ffaa9。

③ 参见《柬埔寨投资手册》，载KPMG网，home.kpmg/content/dam/kpmg/kh/pdf/publication/2022/kpmg-investing-in-cambodia-2022-and-beyond-chinese-simplified.pdf。

当设置至少 1 名监事，因此有关有限公司是否应当设置监事仍具有不确定性。

另外，公司仅有 1 名股东时构成一人有限公司（Single Member Private Limited Company），无须订立股东协议，其余方面与私人有限公司的一般规定基本一致。[①]

（2）公众有限公司

公众有限公司允许公开发行股票。根据《柬埔寨商业企业法》规定，公众有限公司应任命至少 3 名董事。[②] 由于证券市场尚未成熟，柬埔寨目前只有极少数的公众有限公司。[③]

5. 独资企业（Sole Proprietorship）

根据 2022 年修订的《柬埔寨商业企业法》，柬埔寨将独资企业纳入成为新的商业法律形式。独资企业由一个自然人拥有并负责经营。独资企业所有者拥有企业的全部资本，并有权享有企业的全部利润。独资企业不是独立的法律实体，独资企业所有者需以个人名义承担所有义务和责任。

（二）投资程序

1. 新设公司

在柬埔寨，负责管理企业投资设立的主管机构是商业部（Ministry of Commerce，MOC）、国家税务总局（General Department of Taxation，GDT）以及劳动部（Ministry of Labor and Vocational Training），主要法律依据为《柬埔寨商业企业法》及《柬埔寨商业管理与商业注册法》。除保险、矿业、油气和旅游等特定行业在经营前需要取得政府有关部门的许可外，其他行业可以直接通过下列程序进行注册。

2020 年 6 月，柬埔寨数据交换系统下设的网上注册服务系统（www. registrationservices. gov. kh）正式上线，柬埔寨所有商业实体（包

---

① 参见《柬埔寨商业企业法》第 86 条。

② 参见《柬埔寨商业企业法》第 118 条。

③ 参见《柬埔寨公司法概要》，载柬埔寨王国西安商务中心网，http://cccxa. cn/news_detail. php?act = policy&id = 5。

括代表处和分公司）均须通过该系统进行注册。该系统通过连接商业部、国家税务总局、劳动部和柬埔寨发展理事会数据库，同时接收和处理商业部注册、税务登记和劳动部成立企业确认和合格投资项目申请，为外国投资者在柬埔寨设立公司提供更加便利的程序。① 在柬埔寨，申请人可以在 8 个工作日内完成企业和税务注册，注册费约 1,010,000 瑞尔。申请人全程可通过系统提交电子版申请文件，相关部门将核发电子版执照。②

在柬埔寨设立公司的具体流程如下：

（1）在注册前，投资者应根据商业目的选定法律实体（如私人有限公司、公众有限公司等），确定公司股东和董事（私人有限公司至少 1 名董事、公众有限公司至少 3 名董事，均无国籍要求），任命公司秘书（须为柬埔寨永久居民），租赁办公场所，草拟公司章程等。

（2）在商业注册阶段，申请人注册并登录柬埔寨数据交换系统，选定公司类型和公司名称，公司名称将被系统自动检查。根据柬埔寨商务部官网显示，公司名称经审查通过后，申请人需支付 40,000 瑞尔以保留选定的公司名称，保留期限为 3 个月，如需延期应再次支付保留费用。③ 申请人还需要选定拟从事的行业分类，提交公司注册地租赁协议以及所需的股东和董事信息。④ 根据 2022 年修订的《柬埔寨商业企业法》，柬埔寨取消了最低发行 1000 股，每股面额不得低于 4000 瑞尔的要求。在商业注册时，需要通过系统上传的资料有：企业注册地的土地所有权证书或租赁协议；董事、股东（如果股东是自然人）或法定代表人（如果股东是法人）的白底近期照片、身份证或护照；用英文和柬埔寨高棉文书

---

① 参见胡晨馨：《柬埔寨启用新数据系统 8 个工作日内完成商业和税务注册》，载柬中时报网，https://cc-times.com/posts/9911。

② 参见 How to Register Your Business Online，载 Cambodian Ministry of Economy and Finance 网，https://registrationservices.gov.kh/media/2022/11/User-Guide-Eng-1.pdf。

③ 参见 Reserving a business name，载 Cambodian Ministry of commerce 网，https://www.businessregistration.moc.gov.kh/starting-a-business-2/reserving-a-company-name/。

④ 参见 How to register a company in Cambodia，载 Acclime 网，https://cambodia.acclime.com/guides/how-to-register-company/。

写的公司章程;等等。①

(3)成功注册后,企业还需要向商业部注册公司印章并将所有注册文件(公司章程和营业执照)加盖公章,并履行下列程序:②

①税务登记:在系统填写税务总局提供的税务登记申请表,并附上银行账户信息(须在办理税务登记后15个工作日内以电子方式提供)。

②开立银行账户:注册的公司应在柬埔寨境内银行开立1个或1个以上银行账户,将初始资本存入该账户,并在取得营业执照的15个工作日内,将银行对账单提交至在线系统。

③劳动部登记:在公司营业前,应向柬埔寨劳动部备案并提交书面声明(declaration of opening of enterprise)。员工超过8名的公司应制定符合《柬埔寨劳动法》要求的内部规定,包括工资支付、福利、工作时间、健康和安全措施等内容,并在公司成立后3个月内提交该内部规定。

④向国家社保基金注册:员工超过1名的公司应当向国家社保基金(National Social Security Fund,NSSF)进行注册,并填写企业情况登记表和职工情况登记表,并将有关证明材料报社保基金备案。

2. 收购现有柬埔寨公司的股权

在柬埔寨,公司的合并和收购受《柬埔寨商业企业法》规范。公司拟进行并购的,首先需经董事会和股东会表决同意,须由代表至少三分之二股权的股东批准。参考新设公司的程序,公司董事会应向商业部提交就合并进行登记的申请书,并提交公司章程等文件申请备案。商务部在收到公司章程后应出具合并证明(certificate of merger),合并证明的日期为本次合并的生效日期。③

其次,若投资人希望通过合并或收购取得合格投资项目的所有权,以享受柬埔寨针对合格投资项目的优惠政策,还应当通过书面形式向柬

① 参见 Registering a company in Cambodia,载 Because Law Matters 网,https://www.belaws.com/cambodia/registering-a-company/。

② 参见 How to register a company in Cambodia,载 Acclime 网,https://cambodia.acclime.com/guides/how-to-register-company/。

③ 参见《柬埔寨商业企业法》第241条至第248条。

埔寨发展理事会或省/市级投资委员会(Provincial-Municipal Investment Sub-Committee,PMIS)申请。合并后拟成立的新实体应在合并完成前的10个工作日内向柬埔寨发展理事会或PMIS申请注册成为投资人,并申请将合格投资项目注册证书转让至合并后的新实体。①

另外,涉及受监管的特定行业的合并或收购还应当符合相关部门的要求,涉及特定行业的机构包括:银行和金融机构、证券公司、特许采矿公司等。②

柬埔寨目前未设置经营者集中申报相关制度,但根据柬埔寨于2021年10月颁布的《柬埔寨竞争法》规定,柬埔寨禁止对市场竞争产生显著阻碍、限制或扭曲影响的企业合并。该类企业合并将接受柬埔寨竞争委员会的审查和评估。柬埔寨竞争委员会(Cambodian Competition Commission,CCC)于2022年2月成立,是商业部下设的全新机构。但是,该法并未规定企业合并制度的细节内容,相关细节将在未来的配套法令中公布。③

3. 收购现有柬埔寨公司的资产

柬埔寨法律并未明确限制外国投资者购买柬埔寨公司的资产。需要注意的是,《柬埔寨投资法》要求,外国投资者不得持有柬埔寨土地所有权,但在一定条件下可以拥有不直接附着于地面的地上不动产。

因此,柬埔寨针对股权收购或资产收购并无特别规定,投资者需要综合考虑收购目的、目标企业的法律状况和负债情况、目标企业的实质、经济效益以决定究竟选择股权收购抑或资产收购。其中,具有重要影响的因素包括目标企业的历史债务、是否符合合格投资项目、税收情况等。

---

① 参见《柬埔寨投资法修正实施条例 -111 号令》第9条。

② 参见 Thavsothaly Tok, Bunratanak Tung and Thomas Jeffrey, BNG Legal: Doing Business in Cambodia: Overview, 载 Thomson Reuters 网, https://uk.practicallaw.thomsonreuters.com/3-524-4317?contextData=(sc.Default)&transitionType=Default&firstPage=true#co_anchor_a866106。

③ 参见 Alexander Chipman Koty: Cambodia's First Law on Competition: What Investors Need to Know, 载 Vietnam Briefing from Dezan Shira & Associates 网, https://www.aseanbriefing.com/news/cambodias-first-law-on-competition/。

税收方面,在柬埔寨收购资产或公司股权,都需要缴纳印花税,但适用税率和计税依据有所不同,具体适用的税率可参考表3-1。[①]

表3-1 柬埔寨收购公司股权及资产适用的印花税税率及计税依据

交易类型	税率	计税依据
收购资产(土地和地上建筑物)	4%	柬埔寨经济和财政部(Ministry of Economy and Finance,MoEF)确定的转让价值或市场价值
收购(全部或部分)公司股权或合并	0.1%	转让价值(市场价值)

四、中国企业赴柬埔寨投资的法律建议

虽然柬埔寨实施较为宽松的外商投资政策,但在柬埔寨开展投资活动仍存在一定风险,如法律制度不完善、土地纠纷多发、腐败、法律执行困难、判决难以执行等诸多问题,中国企业如选择前往柬埔寨投资,在作出相应投资决策前应予以充分考虑和权衡,避免因仓促决策而遭受大额损失。如果最终决定前往柬埔寨投资,应注意采取必要的风险防范措施。具体建议如下。

(一)熟悉柬埔寨法律规范

2021年以来柬埔寨大幅修订《柬埔寨商业企业法》及《柬埔寨投资法》等法律法规。中国企业在前往柬埔寨投资前,应当熟悉当地法律法规,包括:

1.关注柬埔寨的市场准入规则及其投资负面清单,避免投资风险和不必要的投资损失。

2.关注柬埔寨的劳动政策。外籍员工在柬埔寨就业,需要雇主预先获得在柬埔寨工作的合法就业证、工作许可证,并且雇主可能会被要求

① 参见Cambodian 2018 Tax Booklet,载PwC网,https://www.pwc.com/kh/en/tax/cambodian-2018-tax-booklet1.pdf。

向劳动部证明招聘外籍员工的必要性。[①] 就业证有效期为1年,并可延期,但延期后的有效期不得超过其居留证有效期。[②]

（二）积极配置海外投资保险,保障投资者利益

考虑到对外投资的诸多不确定性,企业应积极利用保险、担保、银行等金融机构提供的相关服务保障自身利益。中国企业可以通过购买海外保险的形式降低风险。可供选择的海外保险主要包括两种:一种是中国专门承办跨国投资政治风险的保险机构即中国出口信用保险公司承保的海外投资保险业务,主要针对中国投资者在海外投资时面临的政治风险,险别包括征收险、汇兑险、战乱险以及政府违约险;另一种是多边投资担保机构承保的海外投资,该机构在《多边投资担保机构公约》下设立,系世界银行集团的一员。

此外,投资者如果选择股权收购或资产收购等方式,也可以考虑购买并购保证保险,以就尽职调查中未发现的风险予以承保,当转让方违反陈述保证条款时,受让方可以直接要求保险公司予以理赔,从而保障投资者利益。但是并购保证保险给予充分承保的前提是企业对标的公司开展了较为优质的尽职调查,这也就要求投资者应在完成投资前做好尽职调查工作。

（三）强化交易方尽职调查

若投资者计划在柬埔寨当地收购一家公司或设立合资公司,希望承继目标公司现有的"合格投资项目"或其他许可证,建议对目标公司开展尽职调查,核查目标公司的资产、资质、债权债务、法律和财务状况。在投资者最终确定赴柬埔寨投资计划后,建议聘请国际化的专业法律团队,与目标公司展开商业谈判,签署公司设立文件、收购协议、股东协议等文件。

---

① 参见 2023 Investment Climate Statements-Cambodia,载 U. S. Department of State 网,https://www.state.gov/reports/2023-investment-climate-statements/cambodia/。

② 参见 Employment and Labor,载 Council for the Development of Cambodia 网,https://cdc.gov.kh/laws-and-regulations/employment-and-labor/。

（四）合理设置争议解决条款

柬埔寨宣称是独立司法，但是本国和外国投资者均遇到过难以执行司法、贪污腐败严重的问题。在柬埔寨实践中，许多商事争端是通过柬埔寨商业部、柬埔寨发展理事会、柬埔寨商会和其他机构的支持性谈判解决的。①

由于柬埔寨是《纽约公约》成员国，且其法律允许本国法院承认和执行外国仲裁，②因此，建议外国投资者在投资合同中设置争议解决条款，并选择第三国仲裁机构作为争议解决方式，如很多外国投资者选择新加坡国际仲裁中心。

（五）聘请专业的法律团队

考虑到中国投资者到柬埔寨投资仍受到多方面限制，且柬埔寨已颁布多项法律法规修正案，建议中国企业尽早聘请专业的法律团队以确保对柬埔寨投资的合规性。在项目进行过程中，通过开展尽职调查、起草交易文件或公司设立文件、提出法律审查意见、出具法律意见书等，为中国企业在柬埔寨投资提供专业的法律服务。

---

① 参见 2023 Investment Climate Statements-Vietnam，载 U. S. Department of State 网，https://www. state. gov/reports/2023-investment-climate-statements/cambodia/。

② 2014 年 3 月，柬埔寨最高法院维持了柬埔寨上诉法院的裁决，该裁决承认和执行韩国商业仲裁委员会作出的仲裁裁决。

第四章　东盟十国投资之老挝篇

老挝作为中南半岛唯一的内陆国家，具有比较突出的地缘优势，是中国面向东盟实施互联互通战略和大湄公河次区域经济合作的重要阵地之一，又是中国提出的“一带一路”倡议沿线重要国家，是重要的战略支点。但同时，老挝在外商投资准入、外汇使用等方面存在限制性规定，在外商投资方面存在较大不确定性。因此，本章结合老挝在外商投资领域的法律规定和老挝对不同实体企业的要求，提示投资者在老挝进行投资时应结合自身商业目的选择合适的投资方式，并建议投资者在投资过程中准确把握投资相关法律法规和政策，关注投资风险，采取尽职调查、购买保险等方式减少投资风险，提高投资收益。

一、老挝投资的优势

中国是老挝外商投资金额最高的国家。老挝作为中南半岛国家中唯一的内陆国家，与中国、越南、泰国、缅甸和柬埔寨接壤，其丰富的自然资源和特殊的地理位置为老挝经济发展提供了推动力。

政治层面，老挝人民革命党作为执政党，是国内唯一的政党，所以老挝国内政局相当稳定。法律层面，老挝虽然整体法治环境较为薄弱，但是其政府持续积极发展本国的立法体系，且外国直接投资政策较为宽松，为吸引外资制定了比较优惠的投资税收条件，并且在2016年修改了2009年颁布的《老挝投资促进法》，新增32条新的条款，修改了54条原有条款，增加了透明度，引入了同等适用于国内外投资者的统一商业登记要求和税收激励，有利于促进外国投资，对外国投资者起到了“定心丸”般的保障作用，同时，也给予了外商更宽松、更安全的投资贸易环境。结合吸引外商投资的实际经验,2024年,老挝政府对《老挝投资促进法》进行了进一步修改,新的《老挝投资促进法》于2024年12月16日生效。经济层面,老挝近年吸引外资能力逐年上升。根据联合国贸易和发展会议(United Nations Conference on Trade and Development, UNCTAD)的统计,老挝外国直接投资(Foreign Direct Investment, FDI)从2016年的57亿美元上涨到2019年的100亿美元,其中2019年中有10.7亿美元的FDI来自中国。①

在国际贸易协定方面,老挝于1997年加入东盟,2013年成为世界贸易组织成员,故享有进入东南亚市场的优惠待遇,并参与国际贸易。此外,2022年1月1日《区域全面经济伙伴关系协定》(Regional Comprehensive Economic Partnership, RCEP)正式对老挝生效,便利RCEP成员国外商投资的同时为RCEP成员国提供进一步的保障措施,有利于老挝吸引外商投资。但是总体而言,根据UNCTAD的统计,老挝签署的双边投资协定总量不多,截至2023年年底,老挝与澳大利亚、白俄罗斯、柬埔寨(未生效)、中国、古巴、丹麦、法国、德国、日本、韩国、科威特、马来西亚(未生效)、蒙古国、缅甸、荷兰、巴基斯坦、俄罗斯联邦、新加坡、瑞典、瑞士、泰国、英国和越南签署了双边投资协定。②

二、外国投资者在老挝投资的限制

(一)外国投资项目需事先审批

老挝主管外商投资的部门是工商部(the Ministry of Industry and Commerce)和老挝投资促进监督委员会(the Investment Promotion and Supervision Committee)。投资促进监督委员会主要负责审批外国投资项目,审查合作经营、合资企业和独资企业的合同,处理外国投资者要求解决的问题等。老挝政府在中央和地方成立各级投资促进监督委员会,

---

① 参见2023 Investment Climate Statements-Laos,载U. S. Department of State网,https://www.state.gov/reports/2021-investment-climate-statements/laos/。

② 同上。

下设“一站式”投资服务办公室。

根据《老挝投资促进法》的规定，“一站式”投资服务办公室是投资促进监督委员会的常设办公室，为老挝人民民主共和国的投资人提供服务。“一站式”投资服务办公室的职能是给投资于一般性经营、特许经营和开发经济特区的国内外投资人提供清晰、便捷、透明、及时的投资服务：受理各项投资申请，在有关部门规章执行的基础上，主动和有关部门协调、汇总信息资料、跟踪组织实施情况，综合评估投资情况及含私人成分的投资项目，并发放相应的证件。

根据《老挝投资促进法》的规定，对老挝的投资可分为一般性投资（general investment）和特许权投资（concession investment），①其中一般性投资又可分为受控投资和非受控投资。② 一般性投资中的受控投资和特许权投资均需向“一站式”投资服务办公室申请投资许可证，并由投资促进监督委员会批准并授予投资许可证。③

一般性投资分为受控投资和非受控投资。受控投资是指对国家安全、公共秩序、国家优良传统和环境、社会和自然等产生影响的投资。针对受控投资，企业在取得“一站式”投资服务办公室颁发的投资许可证之前需取得相关部门主管的事先同意，④但是投资者只需通过“一站式”投资服务办公室提交申请，由“一站式”投资服务办公室协调相关领域的部门主管。⑤ 非受控投资，亦称“普通经营投资”，可免于申请投资许可证，在投资登记备案后，按照《老挝企业法》和有关规定开展经营。⑥ 一般性投资通常不设投资期限，但有关部门规定业务投资期限的除外。⑦

特许权投资，是指政府根据规定授权投资者开展和经营的业务，特

① 参见《老挝投资促进法》第32条。

② 参见《老挝投资促进法》第33条。

③ 参见《企业对外投资国别（地区）营商环境指南——老挝（2020）》，载中国国际贸易促进委员会网，https://www.ccpit.org/image/1/0bef221101af4877b43a85ca61a1344f.pdf。

④ 参见《老挝投资促进法》第34条。

⑤ 参见《老挝投资促进法》第36条。

⑥ 参见《老挝投资促进法》第35条。

⑦ 参见《老挝投资促进法》第40条。

别是涉及土地特许权、经济特区开发、出口、采矿、电力开发、航空和电信等领域的投资。特许权投资的投资者需要符合以下条件:(1)法人实体;(2)经有关部门认证,拥有相关成功经验和业绩;(3)财务状况良好或拥有经国内或国外金融机构认证的资金来源;(4)符合相关法律规定的其他条件。① 特许权投资的投资期限取决于业务的类型、规模、投资价值、条件以及符合相关法律规定的可行性研究报告;但最长不超过50年。根据相关法律规定,投资期限经政府或国民议会或省级议会批准可以延长。②

(二)行业准入限制

外国投资者原则上可以在老挝投资任何领域,除非相关领域被政府认为有可能损害国家安全、公共健康、国家传统或自然环境。除了这些领域外,原则上老挝法律并不限制外国投资者投资或控制相关企业。

就禁止或限制外国投资者投资的行业,《老挝投资促进法》根据准入条件的不同,把老挝境内的外商投资活动分为以下3类:禁止投资的行业、政府专控的行业、专为老挝公民保留的行业。③

一是禁止投资的行业:各种武器的生产和销售;各种毒品的种植、加工及销售;兴奋剂的生产及销售(由卫生部专门规定);生产及销售腐蚀、破坏良好民族风俗习惯的文化用品;生产及销售对人类和环境有危害的化学品和工业废料;色情服务;为外国人提供导游。

二是政府专控的行业:石油、能源、自来水、邮电和交通、原木及木材制品、矿藏及矿产、化学品、粮食、药品、食用酒、烟草、建材、交通工具、文化制品、贵重金属和教育。

三是专为老挝公民保留的行业:(1)工业手工业部门:制陶;金、银、铜及其制品的打制;手工织布和编纺刺绣;工厂的织布、缝纫工作;竹篾、藤凉席的制作;佛像、木雕制作;玩具的制作;棉或木棉服装和被褥的

---

① 参见《老挝投资促进法》第43条。

② 参见《老挝投资促进法》第42条。

③ 参见《对外投资国别(地区)指南——老挝(2023年版)》,载中华人民共和国商务部网,http://www.mofcom.gov.cn/dl/gbdqzn/upload/laowo.pdf。

制作；铁匠；电焊工。（2）金融部门：金、银、铜及其有价物品的销售。（3）商业部门：流动和固定零售；成品油零售。（4）财政部门：财务监督或提供财务服务工作。（5）教育部门：为外国人教授老挝语。（6）文化部门：老挝传统乐器制作；手工字母排版；各种广告牌的设计和制作；各种场所的装修。（7）旅游部门：导游和导游的分配。（8）交通、运输、邮电和建设部门：各种运输车辆的驾驶；建筑行业的各种载重车（推土机、自卸车等）的驾驶；铲土机、平地机、打夯机、挖土机的操作；各种信件、报纸、文件的发送；密码工作；汽车美容。（9）劳动和社会服务部门：普通工人、清洁工、保安；为外国人提供家政服务；美容、烫发和理发；文书和秘书工作。（10）食品部门：米线制品的生产。

此外，《老挝投资促进法》明确列出了9个有资格获得投资优惠的鼓励行业，分别是高科技行业、清洁农产品加工业和农业、基础设施、现代商业中心、医疗卫生、政策性银行和小微金融机构、教育、环境友好型的文化和旅游。需要注意的是，随着老挝政府对于《老挝投资促进法》的不时修改，这些投资优惠行业的类型也会不时更新。①

（三）注册资本的要求

根据《老挝投资促进法》规定，对于从事一般性投资项目的企业，注册资本需符合《老挝企业法》和有关部门的法律法规，并未规定公司最低注册资本；但要求外国投资者应当自取得投资许可证之日起90日内缴付注册资本总额的30%，注册资本可以以现金或实物的方式缴付。②但是，如果以实物出资，则必须评估且需经三分之二以上股东同意。此外，《老挝投资促进法》规定，对于国内外投资者设立的合资企业，外国投资者出资额不得低于总投资的10%。③

对于从事特许权投资的企业，其注册资本不得低于投资总额的30%，且经营期间资产价值不得低于注册资本。④ 特许权投资的投资者

① 参见《老挝投资促进法》第9条。
② 参见《老挝投资促进法》第51条、第53条。
③ 参见《老挝投资促进法》第28条。
④ 参见《老挝投资促进法》第52条。

应当按照以下标准缴付注册资本:(1)投资金额1000万美元以下的项目,为注册资金的3%;(2)投资金额1000万美元以上,5亿美元以下的项目,为注册资金的2%;(3)投资金额5亿美元以上,10亿美元以下的项目,为注册资金的1.5%;(4)投资金额10亿美元以上的项目为注册资金的1%。[①] 该部分资本应当自收到投资许可证之日起90天缴付,剩余部分可在2年内完成缴付,该等注册资本可用于项目开发。需要注意的是,随着老挝政府对于《老挝投资促进法》的不时修改,对于外商投资企业注册资本的要求也会不时更新。[②]

(四)土地使用权方面对外国投资者的限制

老挝实行土地公有制,禁止交易土地所有权。地产市场的交易仅限于土地使用权交易。《老挝土地法》和《老挝宪法》将土地国家所有权制度确立为国家唯一的土地所有权制度,即作为土地唯一所有者的国家对于自己所有的土地依法享有占有、使用、收益和处分的权利。国家按照法律和规划统一管理全部土地,保证有目的和有成效地使用土地。

根据《老挝土地法》规定:(1)在老挝投资的外籍人士向政府租赁土地,最长不能超过50年。如获政府批准,则可以延期。[③] (2)在老挝投资的外籍人士向老挝公民租赁土地,最长不能超过30年。如合同双方协商一致,并由省级自然资源和环境部门上报省级主管部门批准后,可以延期。[④]

值得注意的是,如果土地有争议,依靠特定地块的企业可能会失去投资许可证,并且,许可证被吊销的公司将面临清算。对投资许可证的吊销不能向独立机构提出上诉。[⑤]

---

① 参见《老挝投资促进法》第54条第1款。

② 参见《老挝投资促进法》第54条第2款。

③ 参见《老挝土地法》第120条。

④ 参见《老挝土地法》第117条。

⑤ 参见2023 Investment Climate Statements-Laos,载U. S. Department of State网,https://www.state.gov/reports/2023-investment-climate-statements/laos/。

（五）外汇方面的注意事项

为了避免法定货币基普（LAK）的贬值，老挝实施较为严格的外汇管制政策。2022 年，修订后的《老挝外汇管理法》重申对外汇的严格管理。2023 年，老挝总理发布《老挝外汇管理法实施命令》作为《老挝外汇管理法》的配套行政规则。①

根据外汇管理规则，老挝的外汇管控基本政策是禁止使用外汇支付货物、服务、债务、工资和税收。②《老挝外汇管理法》规定外汇仅可用于以下目的：（1）支付进口商品；（2）支付国际贸易服务；（3）支付外部债务服务；（4）经政府同意协助外国；（5）转出外国投资人的利润、分红、资本、利息和其他服务费以及外国人的报酬至外国人所在国或第三国；（6）对外投资；（7）支付国外留学、旅行、访问或医疗；（8）老挝银行（Bank of the Lao P. D. R.，BOL）规定的其他用途。③

外汇可以以现金或银行存款的方式持有。外汇储蓄账户仅可在老挝境内的商业银行开立。《老挝外汇管理法》规定只有老挝境内的商业银行可以从事结售汇业务，汇率按照 BOL 的规定执行。④《老挝外汇管理法实施命令》规定经非正规渠道进行外汇交易的相关个人或实体将受到处罚。⑤

为了避免过量进口导致外汇过度流失，老挝工商部（Ministry of Industry and Commerce，MOIC）根据外汇的余额对进口业务进行限制。2023 年 5 月，老挝开始实施进出口业务登记制度，要求进出口商在老挝工商部登记经营业务和相关货物信息，并要求商业银行基于必要进口商

---

① 参见 Dino Santaniello：At a Glance：Foreign Investment Review in Laos，载 Lexology 网，https://www.lexology.com/library/detail.aspx?g=74849eec-2363-4f50-9a00-28fd83568917。

② 同上。

③ 参见《老挝外汇管理法》第 10 条。

④ 参见《老挝外汇管理法》（2022 修订）第 37 条；参见 LAW DIGEST DECEMBER 2022，载 VDBLoi 网，https://www.vdb-loi.com/law_digest/law-digest-december-2022/。

⑤ 参见 Dino Santaniello：At a Glance：Foreign Investment Review in Laos，载 Lexology 网，https://www.lexology.com/library/detail.aspx?g=74849eec-2363-4f50-9a00-28fd83568917。

品清单限制外汇的兑换。[①] 老挝的进出口商须在境内的商业银行开立进出口专用的银行账户,并通过该银行账户换汇。对于进口商的换汇请求,商业银行有权基于法律规定的进口货物的重要程度和优先级决定是否提供外汇。出口商取得的外汇收入须存入商业银行的账户,并出售给该商业银行。如出口商需要外汇支付原材料、生产资料或生产相关的服务费,也可以从商业银行购汇。[②]

外国投资者在完成公司注册后,须在老挝的商业银行开立银行账户,并通过该账户缴纳注册资本。外国投资者的一切外汇交易活动,如资本引进、利润转出、分红、国际贷款本金和利息的支付,都必须通过该银行账户进行。引进现金资本的,需要取得出入境海关的现金申报证明和其他相应文件。引进资本后,须在30日内从老挝银行取得注资证明。外国投资者需使用银行账户中的资本金的,须向账户所在的商业银行出售外汇以换取基普。如需将外汇转出的,须根据老挝银行的规定从商业银行购汇。[③]

(六)国家安全审查和经营者集中申报

目前老挝并无单独的国家安全审查制度。但是投资者在当地的投资应当符合有关经营者集中申报的要求。

老挝在2015年制定了《老挝竞争法》,作为老挝实施东盟经济共同体(AEC)的政策努力之一。[④] 该法新设了两个政府机构,即老挝竞争委员会(Laos Competition Commission,LCC)和老挝竞争委员会秘书处。老挝竞争委员会是老挝政府高级机构,其成员由老挝总理根据老挝工商部部长的建议决定,但应包括来自多个部委的高级官员以及商界人士、经济学家和律师。老挝竞争委员会可以起草法规、批准经营者集中和收

---

① 参见Dino Santaniello:At a Glance:Foreign Investment Review in Laos,载Lexology网,https://www.lexology.com/library/detail.aspx?g=74849eec-2368-4f50-9a00-28fd83568917。

② 参见《老挝外汇管理法》(2022年修订)第12条;参见LAW DIGEST DECEMBER 2022,载VDBLoi网,https://www.vdb-loi.com/law_digest/law-digest-december-2022/。

③ 同上。

④ 参见2023 Investment Climate Statements-Laos,载U.S. Department of State网,https://www.state.gov/reports/2023-investment-climate-statements/laos/。

取罚款,并有权对政府的竞争政策和法规提供总体指导。老挝竞争委员会秘书处是一个级别较低的机构,是老挝竞争委员会外派于老挝工商部的一个下设机构,可以听取投诉、进行调查,并根据老挝竞争委员会的要求进行研究和报告。[①]《老挝竞争法》第 38 条规定,经营者集中是指:(1)将相关市场的市场份额保持在老挝竞争委员会规定的门槛之上;(2)限制了市场准入和技术的发展;(3)对消费者、其他企业经营者和国家社会经济发展造成不利影响。[②] 但《老挝竞争法》并未对触发经营者集中的标准作出明确规定。[③] 仅在《老挝竞争法》第 39 条规定,对于大型企业的兼并,各方应填写表格并提交给老挝竞争委员会审议。对于中小型企业的兼并,当事人不需要填写表格,只要在兼并完成后通知老挝竞争委员会即可。[④] 实践中,尽管《老挝竞争法》已出台,并且于 2018 年设立了老挝竞争委员会,但是鉴于该法的实施条例尚未出台,老挝的并购审查机制实际上尚未开始运作。[⑤]

(七)征收

根据老挝法律的规定,除非出于公共目的的需要,在老挝的外国资产和投资受到保护,不会被扣押、没收或国有化。然而,公共目的的定义可以很宽泛,因此,老挝国民和外国投资者都担心资产(尤其是土地)被征收的风险,小块土地、产权不明确的土地或未缴税的土地面临被征收的风险尤其大。[⑥]

根据中国与老挝签署的《中华人民共和国政府和老挝人民民主共和国政府关于鼓励和相互保护投资协定》(The Government of the

---

① 参见 2023 Investment Climate Statements-Laos,载 U. S. Department of State 网,https://www. state. gov/reports/2023-investment-climate-statements/laos/。

② 参见《老挝竞争法》第 38 条。

③ 参见 ASEAN Merger Control: A Quick Guide,载 Allen & Gledhill 网,https://www. allenandgledhill. com/media/5781/ag-asean-merger-control-a-quick-fold-out-guide. pdf。

④ 参见《老挝竞争法》第 39 条。

⑤ 参见 Laos merger control,载 LexisNexis 网,https://www. lexisnexis. co. uk/legal/guidance/laos-merger-control。

⑥ 参见 2023 Investment Climate Statements-Laos,载 U. S. Department of State 网,https://www. state. gov/reports/2023-investment-climate-statements/laos/。

People's Republic of China and the Government of the Lao People's Democratic Republic）第 4 条的规定："缔约国任何一方不应对缔约国另一方投资者在其领土内的投资采取征收、国有化或其他类似措施（以下简称征收），除非符合下列条件：(1)为了公共利益；(2)依照国内法律程序；(3)所采取的措施是非歧视性的；(4)给予适当和有效的补偿。"①因此，结合我国与老挝缔结的双边协定，如果老挝政府对我国投资者在老挝的资产进行征收，老挝政府有义务提供适当补偿。值得注意的是，适当补偿并非充分补偿。

三、老挝投资的法律形式和投资流程

（一）老挝投资的主要法律形式

外国投资者在老挝进行投资的形式包括直接投资和间接投资两种。就直接投资而言，《老挝投资促进法》对投资形式作出规定：②(1)内资或外资独资企业；(2)国内外投资者共同设立的合资企业；(3)国内外投资者缔结商业合作合同，其中老挝国内这方投资者需通知"一站式"投资服务办公室并取得批复，且相关合同需经老挝境内合同履行地的公证处公证；③(4)国有企业和私营企业共同设立的合资企业；(5)公私合作伙伴关系（Public-Private Partnership，PPP），适用于建设工程和基础设施领域。因此，外国投资者可以选择新设独立的外商直接投资法律实体，或与老挝投资法人在不成立新法人的基础上联合经营，或通过收购现有企业股权实现商业目的。就新设实体而言，老挝允许外国投资者设立的法律形式主要为个人独资企业、合伙企业、有限责任公司、联营企业、代表处和分公司。

1. 代表处（Representative Office，RO）

外国投资者可在老挝设立代表处，但需向"一站式"投资服务办公

---

① 参见《中华人民共和国政府和老挝人民民主共和国政府关于鼓励和相互保护投资协定》第 4 条。

② 参见《老挝投资促进法》第 26 条。《老挝投资促进法》第 27 条至第 31 条分别对该 5 种投资形式作了进一步规定。

③ 参见《老挝投资促进法》第 29 条。

室提交申请以获得设立许可证。[①] 设立代表处要求总公司在本国法下已成立 1 年以上,并且代表处只能经营与总公司相同的业务。代表处最长营业期限为 3 年,其营业执照的有效期为 1 年,可续签 2 次。[②] 代表处不具有独立法人资格,因此可开展的活动有限,仅可以调研投资可行性为目的开展信息研究和收集活动,不得从事商业活动,包括投资、贸易和服务等。[③]

2. 分公司(Branch)

老挝企业法允许外国投资者设立分公司,分公司与代表处相同,不具有独立的法人资格,分公司被视为母公司的延伸,因此其经营范围由母公司的范围所确定。分公司可以从事创收活动。在老挝,该实体必须有一个独立于母公司的管理团队,以及一个老挝当地的公司银行账户。只有特定行业的外国公司可以在老挝设立分公司来开展业务:航空业务,金融机构,银行和咨询。[④]

3. 个人独资企业(Sole Proprietorship)

老挝允许注册个人独资企业,由个人拥有全部控制权。个人独资企业以个人名义经营,以其个人全部资产对个人独资企业的债务承担无限责任。

根据《老挝企业法》的规定,进行个人独资企业登记的,应当提交如下内容的申请:名称和行业类型;企业所有人和管理人的姓名、地址和国籍;企业办公场所;注册资本。[⑤] 个人独资企业管理人可以是创始人自己,也可以雇佣第三方。[⑥]

---

① 参见《老挝投资促进法》第 56 条。

② 参见 Permit to Establish a Representative Office, 载 Inventory of Business Licenses 网, http://www.bned.moic.gov.la/en/formalities/206。

③ 参见 Application for establishing Representative Office "RO" (Article 47 of Investment Promotion Law 2009), 载 Investment Promotion Department of Laos 网, https://investlaos.gov.la/starting-a-business/one-stop-service/representative-office/。

④ 参见 Lao PDR, 载 PwC 网, https://taxsummaries.pwc.com/lao-pdr/corporate/branch-income。

⑤ 参见《老挝企业法》第 32 条。

⑥ 参见《老挝企业法》第 34 条。

4. 合伙企业(Partnership)

根据老挝法律,合伙企业具有独立的法律人格,被视为独立的法人单位,合伙企业可分为普通合伙企业和有限合伙企业。普通合伙企业由2名以上的普通合伙人组成,每位合伙人都对合伙企业承担无限责任;有限合伙企业由普通合伙人与至少1名有限合伙人组成,其中普通合伙人承担无限责任,而有限合伙人承担责任的范围仅限于其对合伙企业的出资额。①

5. 一人有限公司

一人有限公司仅需一个人就可以成立公司,其可同时担任股东、经理,自行决定公司的所有业务决策,并且一人有限公司的所有者仅承担有限责任,公司以其自身资产承担责任,所有者的个人资产能够得到保护。一人有限公司提交企业登记通知时,需要以下文件:(1)申请表和委托书(在单独任命经理的情况下);(2)一人有限公司的章程。② 一人有限公司应当在办理企业登记之前采用现金或实物方式缴足股本。③

对于外资而言,由于一人有限公司由股东个人持有全部股权,因此,一人有限公司仅适用于允许外商完全参与的行业领域。

6. 有限责任公司(Limited Liability Company,LLC)

有限责任公司是外国投资者普遍采取的法律形式。

根据《老挝企业法》的规定,有限责任公司由2~30个股东共同出资成立,每个股东以其所认缴的出资额为限对公司承担有限责任。如果有限责任公司在其经营过程中仅存在1名股东,则其法律地位将被改为一人有限公司。④

在老挝,有限责任公司不得发行每股面值低于2000基普的股票,且股票分优先股和普通股,优先股股东有权在普通股股东之前进行资产和

---

① 参见《老挝企业法》第3条。

② 参见《老挝企业法》第176条。

③ 参见《老挝企业法》第177条。

④ 参见《老挝企业法》第3条、第90条。

股息分配,股息可以按照股东之间约定的固定金额和股份比例领取。[①]有限责任公司可以以现金或实物出资,以实物出资的应当进行评估,评估结果需要获得出席成立大会至少三分之二发起人和股本认购人的同意。以现金或实物以外形式出资的,应当提交成立大会通过。[②]

有限责任公司必须有1名董事,除公司章程另有规定,拥有2名或2名以上董事的有限责任公司可以设立董事会,其中资产超过50亿基普的公司必须设立董事会,董事会应当设立主席,可以设立副主席。资产超过50亿基普的有限责任公司,应当聘任审计师。[③]

如果有限责任公司的股东拟向第三方转让股权,则必须事先向现有股东提供出售的要约。[④]

7. 公众公司(Public Company)

公众公司也称上市公司,由至少9名股东出资成立,上市公司的股份可自由公开转让,无论是以实物出资还是现金出资,上市公司股东应足额缴纳股本。[⑤]

根据老挝法律,外国投资者有权称为上市公司发起人,但外国投资者在上市公司中持有的股份数量可以受到以下限制:上市公司的决议;相关部门的监管以及老挝证券交易委员会不时地审议。例如,老挝证券交易委员会于2015年8月发布的一项决定,限制外国个人在上市公司老挝电力公司中持有1%的股份,以及限制外国法律实体持有5%的股份。此外,外国投资者持有的股份总数不得超过已发行股份总数的25%。[⑥]

上市公司的发起人自企业登记设立之日起2年内不得对外转让

---

① 参见《老挝企业法》第99条、第104条、第105条。

② 参见《老挝企业法》第99条。

③ 参见《老挝企业法》第134条。

④ 参见《老挝企业法》第109条。

⑤ 参见《老挝企业法》第184条、第188条。

⑥ 参见 Dino Santaniello:At a Glance:Foreign Investment Review in Laos,载 Lexology 网,https://www.lexology.com/library/detail.aspx?g=74849eec-2368-4f50-9a00-28fd83568917。

股票。[①]

与有限公司不同的是,上市公司自公司注册之日起就应当聘任审计师。[②]

8. 联营企业(Joint Venture Company)

除设立全资企业外,外国投资者还可以通过联营的方式进行投资。联营方式包括:(1)与老挝国内的本土投资者合作成立联营企业;(2)商业合作合同。[③]

与老挝国内投资者合作成立联营企业的,外国投资人应至少持有联营企业全部资本金的10%。[④]

通过合同的商业安排是指外国投资人与老挝的国内实体之间通过签订商业合作合同实现联营,而不需要在老挝设立新的实体或分支机构。老挝国内实体签订此类商业合作合同的,须从"一站式"投资服务办公室获得批准。[⑤]

(二)投资程序

根据老挝法律,不同的投资形式需要办理不同的许可程序。

1. 新设公司

有限公司通常受到外国投资者的青睐。根据老挝法律,一般性投资和特许权投资在设立有限公司的许可程序上具有一定的差异。

(1)一般性投资

对于一般性投资:

①如果投资非受控清单行业,投资者在进行投资备案登记后,可直接向老挝工商部主管提交申请企业登记证,通常登记部门自收到企业注册申请之日起10个工作日内签发企业登记证。[⑥]

---

① 参见《老挝企业法》第190条。
② 参见《老挝企业法》第184条。
③ 参见《老挝投资促进法》第26条。
④ 参见《老挝投资促进法》第28条。
⑤ 参见《老挝投资促进法》第29条。
⑥ 参见《老挝投资促进法》第39条。

②如果新设公司投资受控投资清单行业，外国投资者必须向中央级或省级“一站式”投资服务办公室申请获得投资许可证。投资者自“一站式”投资服务办公室收到完整申请材料之日起25个工作日可以领取投资许可证和企业登记证。其中，“一站式”投资服务办公室应在收到完整申请之日起2个工作日内将申请材料转递给相关主管部门和当地行政部门，并要求相关主管部门和当地行政部门在8个工作日内回复，未予以回复视为默认同意。在获得相关主管部门和当地行政部门同意后，“一站式”投资服务办公室应提交投资促进监督委员会进一步审批（审批时限是8个工作日），之后“一站式”投资服务办公室应在5个工作日内签发投资许可证和企业登记证。[①]

（2）特许权投资

对于特许权投资：

①须向中央级或省级“一站式”投资服务办公室递交申请文件，通常投资者自“一站式”投资服务办公室收到完整申请之日起65个工作日可以领取投资许可证和企业登记证。投资许可证的申请材料包括以下内容：[②]a. 投资申请书；b. 个人的简历、经验、身份证明、无犯罪记录、护照副本（或企业证书复印件）；c. 合资协议；d. 股东或公司代表的授权书（如果该人不是公司的最高职位）；e. 可行性研究或商业计划书，主要内容如下：投资目的、投资估算价值、项目地点、运营时间表、项目有效性、劳动力需求、国家土地租赁或特许权需求、财务、技术、经济可行性、预计利益分享、运营计划和程序、资金支持证明文件、投资激励申请；f. 环境、社会和自然影响评价报告；g. 金融机构或银行出具的财务状况证明或证明文件，最近2年经核证的财务报表；h. 标准格式的公司章程副本。

②“一站式”投资服务办公室会在收到申请2个工作日将申请文件递交至相关部门审批，有关部门在30个工作日内书面答复，如未在规定时间内反馈，则视为默认同意。“一站式”投资服务办公室在收到相关

① 参见《老挝投资促进法》第36条、第37条。

② 参见《老挝投资促进法》第44条。

部门意见后，应向投资促进监督委员会提出关于批准投资许可证的审议（应在30个工作日内作出审议）。经投资促进监督委员会批准，“一站式”投资服务办公室举行投资者与相关部门间的谅解备忘录或协议谈判会议，并向投资促进监督委员会报请审议批准签署该谅解备忘录或协议，计划与投资部作为政府授权人签署谅解备忘录或协议。在签署该谅解备忘录或协议后，投资者应根据签署该谅解备忘录或协议约定支付押金，并开展数据、可行性研究和自然、社会和环境影响评价。[①]

③值得注意的是，投资者收到“一站式”投资服务办公室有关批复的通知后须在10个工作日内就谅解备忘录或协议的谈判日期作出回复，如30个工作日未作出回复的，视为投资者放弃投资权利。[②]

④在签订特许权协议后3个工作日内“一站式”投资服务办公室发放投资许可证。[③]

2. 收购现有老挝公司的股权

首先投资者需要评估相关股权收购交易是否涉及特许权投资。根据《老挝投资促进法》规定，特许投资者可以向其他投资者转让部分或者全部经营权，但必须符合下列条件：[④]（1）经省政府或者省会城市管理部门批准；（2）具备《老挝投资促进法》第16条第1款规定的条件，[⑤]履行约定的财务义务和法律法规规定的其他义务；（3）未处于调解、诉讼或者审判程序中；（4）未破产或者被法院宣告破产。合同约定的权利或股份转让协议经有关部门批准后，应通知“一站式”投资服务办公室进行审批、监管，并到老挝人民民主共和国公证处进行公证，缴纳法律、法

---

① 参见《老挝投资促进法》第46条第1款。

② 参见《老挝投资促进法》第46条第3款。

③ 参见《老挝投资促进法》第46条第4款。

④ 参见《老挝投资促进法》第48条第1款。

⑤ 《老挝投资促进法》第16条第1款规定：投资者在投资、完成项目开发总体规划、可行性研究或商业计划书至少45%，且在履行特许权协议项下的义务并获得有关部门批准后，有权租用或特许使用该宗国有土地进行投资活动，并可在特许经营期内转让特许经营项下的国有土地使用权。

规规定的各种税费及手续费。[①]

在完成上述步骤(或不涉及上述步骤)后,根据《老挝企业法》,在股权转让完成后,投资者应当在作出修改议案后1个月内通知相关企业登记官以完成变更登记。[②]

通过收购老挝公司股权的方式实现投资的,通常会涉及所得税和印花税,转让老挝公司股份的所得一般适用10%的所得税税率;印花税的金额主要取决于股权转让协议下资产的类型和约定的交易金额。[③]

3. 收购现有老挝公司的资产

根据老挝法律,有限公司经营业务的全部或主要部分出售或转让给其他人的,需要获得持有代表公司三分之二以上股本的股东或成员同意并且至少代表80%已缴纳股本。[④] 特许经营权投资人转让部分或全部业务的,还需要取得国家或省级政府,或资产管理部门的审批。[⑤]

收购老挝公司资产可能涉及的税费包括所得税、印花税和有关转让费用。转让土地、土地使用权和房产的所得通常适用5%的所得税税率;印花税的金额主要取决于资产转让协议下资产的类型和约定的交易金额。[⑥]

4. 执行商业合作合同

根据《老挝投资促进法》的规定,如果外国投资者采取商业合作合同形式在老挝开展投资,也需要履行一定的程序。首先应当签订商业合作合同,并按照规定报“一站式”投资服务办公室审批,并经老挝公证机构公证。[⑦]

---

① 参见《老挝投资促进法》第48条第3款。

② 参见《老挝企业法》第18条。

③ 参见 Laos Tax Profile,载 KPMG 网,https://assets.kpmg.com/content/dam/kpmg/pdf/2015/03/Laos-tax-profile-2013.pdf。

④ 参见《老挝企业法》第144条。

⑤ 参见《老挝投资促进法》第48条。

⑥ 参见 Laos Tax Profile,载 KPMG 网,https://assets.kpmg.com/content/dam/kpmg/pdf/2015/03/Laos-tax-profile-2013.pdf。

⑦ 参见《老挝投资促进法》第29条。

如果外国投资者拟为相关项目专门在老挝设立代表处，则应向“一站式”投资服务办公室提交申请，“一站式”投资服务办公室自收到申请之日起15个工作日完成审查并办理代表处设立许可证。需要注意的是，代表处仅可开展市场调研以协助总公司决策是否在老挝开展投资，不得从事商业活动。[①]

四、中国企业赴老挝投资的法律建议

虽然老挝的外商投资环境较原来有所改善且有越来越多的外国投资者进入老挝投资，但在老挝开展投资存在一定的风险。如政府效率低下、基础设施不完善、缺少公平的法律投资环境，这些都加剧了外国投资者受到侵害的风险。此外，老挝的法律法规受到政府的影响较大，彼此之间总是会出现冲突、矛盾和模糊的情况，使实践中法律实施情况和现有立法规定并不完全一致，尤其是国家立法和地方立法经常出现分歧、重叠的情况。[②] 此外，值得注意的是，尽管《老挝投资促进法》规定了调解、行政争议解决、经济争议解决办公室或国际组织，以及诉讼等多种争议解决方式，但由于老挝法律体系的不健全，实践中，外国投资者大多选择诉诸老挝境外的国际仲裁机构。根据2016年《老挝投资促进法》[③]和2018年的《经济争端解决法》(Law on the Resolution of Economic Disputes, No. 51/NA)，当事双方可以决定在老挝或其他国家或地区选择仲裁解决争议，但是目前尚无有关老挝法院执行商事仲裁裁决的相关案例。[④]

因此，中国企业如选择前往老挝投资，在作出相应投资决策前应予以充分考虑和权衡，避免因仓促决策而遭受大额损失。如果最终决定前往老挝投资，应注意采取必要的风险防范措施。具体建议如下。

---

① 参见《老挝投资促进法》第56条。

② 参见2023 Investment Climate Statements-Laos，载U. S. Department of State网，https://www.state.gov/reports/2023-investment-climate-statements/laos/。

③ 参见《老挝投资促进法》第96条。

④ 参见2023 Investment Climate Statements-Laos，载U. S. Department of State网，https://www.state.gov/reports/2023-investment-climate-statements/laos/。

（一）准确把握老挝法律法规和政策

1. 了解老挝的市场准入规则及其产业负面清单。老挝将定时更新受控投资清单，因此需定时关注，如果拟投资项目属于老挝负面清单中的产业应当及时终止投资。

2. 发现潜在的投资壁垒。如老挝在投资项目涉及的特定领域对外资的股比进行限制，则会影响中国投资者投资目标的实现。

3. 了解老挝的劳动政策。根据老挝法律要求，外国投资者必须优先雇用老挝公民。但在必要时，经劳动和社会福利部门批准，外国投资者也可雇用外国专家或外国专业技术人员。除经特别豁免，在非技术工作中，外国职工人数不得超过公司职工总人数的15%，技术工作中则不得超过25%。①

（二）加强尽职调查

中国企业如拟与老挝公司在老挝设立合资公司，在与老挝公司正式签署合作文件之前，建议对其展开尽职调查，以确认其是否具有合作实力、是否与其所述情况相符，尤其是合作伙伴是否具有其所宣传的资源、许可证、资产等，是否可以投入新设合资公司中。在确认合作伙伴后，通过聘请专业律师与其签署正式的合作文件，包括可能的合资协议、股东协议等文件。

中国企业如采取收购方式在老挝投资，建议对目标公司进行尽职调查，以确认目标公司资产情况、公司债权债务、公司经营情况、财务数据、税务状况、法律纠纷情况以及是否被列入制裁名单。在确认目标公司后，通过聘请专业律师与其签署正式的合作文件，包括可能的收购协议、股东协议等。

（三）设置灵活的退出机制

中国投资者可以在遵守老挝法律的前提下，在交易文件中约定其有权逐步出售部分或全部股权给第三方，包括随售权、拖售权、回购

---

① 参见 How to Hire and Fire in Laos—A Guide to Lao Labor Law，载 Tilleke & Gibbins 网，https://www.tilleke.com/wp-content/uploads/2017/12/Tilleke-How-to-Hire-and-Fire-in-Laos.pdf。

权、优先清算权,分情况分阶段逐步撤出东道国投资。通过合理设置退出机制有利于帮助企业减少时间因素带来的投资成本增加,将风险有效转移。

此外,中国投资者也可以考虑设立特殊目的载体(Special Purpose Vehicle,SPV)来投资老挝业务,即通过转让 SPV 灵活退出老挝业务,避免在老挝直接转让股权面临的监管要求。而且,外国投资者可以通过设立 SPV 隔离母公司对老挝业务的直接责任。在选择设立 SPV 地点时,通常考虑的因素主要包括未来海外业务的战略安排、税收减免政策、融资安排、企业架构层级以及成本等,并需要结合中国企业的实际情况加以确定。享受税收减免和降低成本是外国投资者采取 SPV 的一个重要考虑因素。

(四)购买保险以降低风险

跨境投资项目涉及的风险除一般的商业风险外,还包括汇兑限制、政府征收、战争及政治暴乱、政府违约等政治风险,中国企业可以通过购买海外保险降低风险。可供选择的海外保险主要包括两种:一种是中国专门承办跨国投资政治风险的保险机构即中国出口信用保险公司承保的海外投资保险业务,主要针对中国投资者在海外投资时面临的政治风险,险别包括征收险、汇兑险、战乱险以及政府违约险;另一种是多边投资担保机构(Multilateral Investment Guarantee Agency,MIGA)承保的海外投资,该机构在《多边投资担保机构公约》(Convention Establishing the Multilateral Investment Guarantee Agency)下设立,系世界银行集团的一员。

(五)聘请专业的法律团队

老挝的法律体系还处于成长过程中,法律成熟度还较为欠缺。鉴于中国投资者到老挝投资受到多方面的限制以及当地的投资环境,建议中国企业尽早聘请专业的法律团队为企业提供咨询辅导等专业服务。通过开展尽职调查、起草交易文件或公司设立文件,及时预判风险、预防风险,降低中国企业在老挝投资的风险,为中国企业在老挝投资提供专业的法律服务。

第五章　东盟十国投资之马来西亚篇

马来西亚以其重要的地理位置、稳定的政治环境、不断完善的法律体系成为外国投资者在东南亚投资的重要目的地国家之一。本章先梳理了在马来西亚投资的优势及限制，随后介绍了在马来西亚投资时可设立的法律实体类型及不同实体类型的要求，并提示投资者在马来西亚投资时应结合自身商业目的选择合适的投资方式，建议投资者在马来西亚进行投资时应当充分了解当地法律规范、投资鼓励政策，选择合适的交易架构，通过聘请法律团队等方式降低交易风险，提高投资收益。

一、马来西亚投资的优势

马来西亚投资发展局（Malaysian Investment Development Authority，MIDA）公布的数据显示，2023 年，马来西亚的外来直接投资（Foreign Direct Investment，FDI）同比增长了 15.3%，达到 1884 亿林吉特（MYR），占获批准投资总额的 57.2%。按领域分类，马来西亚制造业的投资总额达 1520 亿林吉特，其中涉及 883 个项目，大约创造了逾 7 万个就业机会。其中，电子产品领域的投资总值为 854 亿林吉特。另外，服务业获得的投资同比增长了 7.2%，达到 1684 亿林吉特，以矿业及农业为主的第一产业（primary sectors）的投资总值为 91 亿林吉特。[①]

地理位置方面，马来西亚处于东南亚核心地带，可成为进入东盟市场和前往中东、澳新的桥梁；政治环境方面，马来西亚民族关系融洽，三

① 参见 Advancing Responsible Investments—Malaysia Investment Performance Report 2023，载 Malaysian Investment Development Authority 网，https://www.mida.gov.my/wp-content/uploads/2024/04/MIDA-IPR-2023_FINAL.pdf。

大民族和谐相处,政治动荡风险低,可以为外国投资者提供稳定的政治环境;经济环境方面,马来西亚经济基础稳固,经济增长前景较好,原材料丰富,人力资源素质较高;法律环境方面,马来西亚近年来一直致力于完善投资法律,以吸引外资进入马来西亚的相关行业。马来西亚规制外国投资者进入马来西亚经济和实践的主要法律是2016年的《马来西亚公司法》,该法于2017年1月31日生效,2024年再次修订。根据修订后的《马来西亚公司法》,公司设立的注册要求被进一步简化。此外,马来西亚简化了获得建筑许可证的程序,使获得建筑许可证的速度更快;取消了新的商业用电连接的现场考察要求,使企业获得电力更容易;通过在线单一窗口平台进行财产搜索,简化财产转让程序;并为跨境贸易引入电子表格以及加强基于风险的检查系统,改善马来西亚最大港口巴生港的基础设施和港口运营系统,从而促进国际贸易;且通过引入重组程序使解决破产问题更容易。这些变化使马来西亚在《营商环境报告》(Doing Business)中的排名大幅提升。世界银行《2020年全球营商环境报告》显示,马来西亚营商环境在全球190个经济体中排名第12位,在东盟地区仅次于新加坡。[①] 根据商务部亚洲司统计数据,2022年,中国企业对马来西亚直接投资16.1亿美元。[②] 此外,马来西亚设立各种国家、地区和市级的投资促进机构,包括马来西亚投资发展局。这些机构可以为外国投资者提供商业战略咨询、地区熟悉、人才管理计划、网络和其他投资方面的各类服务。

马来西亚作为东盟十国成员之一,是东盟的创始成员国,也是参与中国“一带一路”倡议的重要国家。截至2023年3月,马来西亚共签署了16个自由贸易协定,包括与澳大利亚、智利、印度、日本、新西兰、巴基斯坦、土耳其等7个国家签署的双边自由贸易协定,以及作为东盟成员,与中国内地、中国香港特别行政区、韩国、日本、澳大利亚、新西兰、印度

---

① 参见 Doing Business 2020—Malaysia,载 World Bank Group 网,https://www.doingbusiness.org/content/dam/doingBusiness/country/m/malaysia/MYS.pdf。

② 参见《2022年中国—马来西亚经贸合作简况》,载中华人民共和国商务部网,https://m.mofcom.gov.cn/article/tongjiziliao/sjtj/yzzggb/202312/20231203463466.shtml。

签署的 7 个区域自由贸易协定。[1] 2022 年 3 月 18 日,《区域全面经济伙伴关系协定》(Regional Comprehensive Economic Partnership,RCEP)正式对马来西亚生效,有力促进了中马贸易投资互利合作,并且为 RCEP 成员在马来西亚的外国投资提供了便利与保障,有利于区域产业链供应链优势互补、深度融合,为马来西亚吸引外商投资提供新机遇。2022 年 11 月 29 日,《全面与进步跨太平洋伙伴关系协定》(Comprehensive and Progressive Agreement for Trans-Pacific Partnership,CPTPP)对马来西亚生效。除此之外,截至 2025 年 3 月 14 日,马来西亚与 70 个国家或地区之间签署了双边投资协定(Bilateral Investment Treaties, BITs),此外马来西亚参与签署的含投资条款的条约(Treaties with Investment Provisions, TIPs)有 29 个。[2]

二、外国投资者在马来西亚投资的限制

(一)行业准入限制

自 2009 年马来西亚废除了有关限制外国投资者收购合并本国公司权益的外国投资委员会指引以来,马来西亚未对外国资本准入作出严格限制,大部分领域外国投资者可以持有 100% 的股权,但在特定行业(如通信、油气服务、保险、运输)中仍然对外国投资者的持股比例作出限制,这种股比限制往往表现为外国投资者最多持股 70% 而马来西亚国民持股最少应达到 30% 。[3]

在制造业,根据马来西亚法律,允许取得许可的下列外国投资者在制造业投资中持有 100% 的股权:(1)先前免于获得生产许可,但股东资金现已达到 250 万元林吉特,或现已聘用 75 名或以上全职员工并因此需要获得许可的公司;以及(2)此前免于遵守股权规定,但随着股东资

---

① 参见 Malaysia's Free Trade Agreements (FTAs),载 Malaysian Ministry of Investment, Trade and Industry 网,https://fta.miti.gov.my/index.php/pages/view/4。

② 完整的马来西亚缔结的双边或多边协定可参见 United Nations Conference on Trade and Development 的统计信息,https://investmentpolicy.unctad.org/international-investment-agreements/countries/127/malaysia。

③ 参见 Trade Barries—Malaysia,载 European Commission 网,https://trade.ec.europa.eu/access-to-markets/de/barriers/details?isSps = false&barrier_id = 11403。

金已达到250万元林吉特而需要遵守股权规定的持有许可的公司。[①]

在油气行业外国投资的持股比例受到限制。根据《石油开发法(1974)》(Petroleum Development Act 1974)的规定,马来西亚上游石油和天然气开发由国有的国家石油有限公司(Petroliam Nasional Berhad,PETRONAS)独家控制,外资参与一般采取产量分成合同(Production Sharing Contract,PSCs)的方式。国家石油有限公司通常会要求签订产量分成合同的外资合作伙伴与马来西亚本国公司共同投标。外资可以与马来西亚本国公司合资参与石油服务行业,但如果外资是主要股东,其股权占比不得超过49%。[②]

在服务业,外国投资者在以下领域的持股比例受到限制:

1. 通信行业。外国投资者作为应用程序服务提供商(Application Service Provider,ASP)可以持有100%股权。但作为网络设施提供商(Network Facilities Provider,NFP)和网络服务提供商(Network Service Provider,NSP),只允许最多持有70%的股权。[③]

2. 批发和零售行业。通常而言,外国投资者在百货公司、专卖店和特许经营等大多数贸易行业中可以持有100%的股权。对于超市(除非由大型超市运营商运营)、24小时便利店、食品店、通讯社、杂货店、带有便利店的加油站、药店、纺织品商店、小餐馆等,外资则不被允许进入。[④]

3. 保险行业。外国投资者最多可持有保险公司70%的股权。但是,保险的监管机构马来西亚中央银行(Bank Negara Malaysia,BNM)有

---

① 参见 Setting Up Business—Equity Policy,载 Malaysian Investment Development Authority 网,https://www.mida.gov.my/setting-up-content/equity-policy-protect-foreign-investment/。

② 参见 2023 Investment Climate Statements-Malaysia,载 U.S. Department of State 网,https://www.state.gov/reports/2023-investment-climate-statements/malaysia/。

③ 参见 Asian Economic Intergration Report 2023,载 Asia Regional Integration Center 网,https://aric.adb.org/pdf/aeir/AEIR2023_3_crossborder-investment.pdf。

④ 参见 Malaysia:Investment in the Service Sector,载 Malaysian Investment Development Authority 网,https://www.mida.gov.my/wp-content/uploads/2020/12/20200914160223_BOOKLET-8-DISTRIBUTIVE-TRADE-SERVICES.pdf。

权视情况批准外资持有更高的股权。①

4. 银行业。国内伊斯兰银行和投资银行允许外资持股比例最高为70%，而商业银行的外资持股比例最高为30%。目前，外国银行可以在马来西亚全国开设4家分支机构，但营业地点由马来西亚中央银行指定，且不允许外国银行在距马来西亚本国银行方圆1.5千米的范围内设立分支机构。②

除了相关的股比限制，对于这些特殊的行业，还需经过马来西亚主管部门的审批，由主管部门审议确定拟议投资是否符合相应的马来西亚政府提供的促进经济发展目标的要求。

（二）土地使用权方面对外国投资者的限制

根据《马来西亚国家土地法》的规定，马来西亚的土地分为农业用地、住宅用地和工业用地。非马来西亚公民向州有关部门提出书面申请并获得州有关部门批准，可以购买马来西亚土地。

2022年，马来西亚经济部（Ministry of Economy）公布了新的《产业购置指南》（Guideline on the Acquisition of Properties），取代了于2014年生效实施的原文件，对外资在马来西亚购置产业作出规定。

属于以下两种情形的房地产收购必须取得经济部的审批：（1）直接购置价值超过2000万林吉特的非住宅产业，且该购置行为稀释了马来西亚土著或政府机构在该产业的持股比例；（2）通过股份并购的方式间接购置马来西亚土著或政府机构的价值超过2000万林吉特的非住宅产业，且该产业占公司总资产50%以上。③ 这两种情形若想成功获得经济部的审批，还需要满足：（1）股权条件：至少30%的公司股权由马来西亚土著持有；（2）实缴资本条件：外国投资者拥有的马来西亚境内公司的实缴资本不得低于25万林吉特。④

---

① 参见2023 Investment Climate Statements-Malaysia，载U. S. Department of State网，https://www.state.gov/reports/2023-investment-climate-statements/malaysia/。

② 同上。

③ 参见《马来西亚产业购置指南》第2.1条。

④ 参见《马来西亚产业购置指南》第3条。

无须批准,但要报相关部门审核的产业购置包括:(1)购置价值超过100万林吉特的商业房屋;(2)价值超过100万林吉特或购置面积为5英亩以上的农业用地,用于采用现代高新技术的具有商业规模的农业活动、农业旅游项目开发或开展出口型农产品加工;(3)购置价值超过100万林吉特的工业用地;(4)向外籍直系亲属转让资产;(5)购置价值超过100万林吉特的住宅。[①] 同时,《马来西亚产业购置指南》规定禁止外国人士购买单户价格低于100万林吉特的产业。[②]

禁止外资购置的产业有:(1)单户价值低于100万林吉特的产业;(2)州主管部门划定的中/低成本住宅;(3)"马来人保留地"上的产业;(4)州主管部门划分给土著用于企业开发项目的产业。[③]

无须EPU批准的产业购置包括:购置马来西亚"第二家园计划"的住宅;多媒体超级走廊(Multimedia Super Corridor,MSC)公司在多媒体超级走廊区域内为了企业运营(包括为员工提供住宿的目的)购置的产业;经有关部门批准,在马来西亚区域发展走廊的批准辖区内购置产业;获得马来西亚国际伊斯兰金融中心(Malaysia International Islamic Financial Centre,MIFC)秘书处授权购置产业;购置产业用于公司的员工宿舍(外资控股的公司只能购置价格在10万林吉特以上的住宅),该业务由州级其他有关部门管理;根据遗嘱或法院判决书的要求将产权转让给外国人士;制造业公司购置工业用地;联邦和州政府部门、财政部、州务大臣或首席部长、州务卿或政府关联公司(Government-Linked Companies,GLCs)的产业购置;私有化转型机制下的产业购置等。《产业购置指南》还规定了在特定期间内可以免于经济部审批的情形。

(三)外汇方面的注意事项

马来西亚的外汇管制受《2013年金融服务法》(Financial Services Act 2013)和马来西亚中央银行发布的外汇管理公告(Foreign Exchange

---

① 参见《马来西亚产业购置指南》第2.2条、第2.3条。

② 参见《马来西亚产业购置指南》第10.1条。

③ 参见《马来西亚产业购置指南》第10条。

Administration Notices)规制。

如果马来西亚实体的非居民股东向马来西亚实体进行注资(认购该实体的股份),无论是以林吉特或任何其他外币,均无须获得马来西亚中央银行的外汇管制批准。外国投资者从马来西亚汇回资金(包括股息和以林吉特为单位的资产所得)无须获得马来西亚中央银行的外汇管制批准,前提是汇回的资金以外币支付。但是根据2022年6月更新的马来西亚中央银行的外汇管理公告,拥有林吉特计价债务的公司在一个日历年内将5000万林吉特或更多的资金转换为外汇资产,需要得到中央银行的批准。①

此外,针对出口商,马来西亚要求出口商将其出口收入的75%转换为马来西亚林吉特,并且所有的国内商品和服务贸易都必须用林吉特进行交易,不能选择用外币结算。②

(四)国家安全审查和经营者集中申报

目前马来西亚没有对于外商投资的安全审查制度,也没有对外国投资者投资马来西亚作出约束的单一法律法规。通常而言,马来西亚的外商投资受到各相关行业的法律法规约束。

《马来西亚2010年竞争法》是就反不正当竞争或市场垄断行为作出规定的最主要的法律,并由马来西亚竞争委员会(Malaysia Competition Commission,MyCC)执行,主要管制反竞争协议、滥用市场支配地位两种行为。《马来西亚2010年竞争法》并未对并购交易审查作出明确规定,但在航空服务行业和通信行业开展并购交易需要进行审查,且该等并购交易均采取自愿申报的模式。

1. 航空服务行业

根据《2015年马来西亚航空委员会法案》(Malaysian Aviation

---

① 参见 Foreign Exchange Policy Notices—Bank Negara Malaysia,载 HongLeong Bank 网,https://www.hlb.com.my/en/personal-banking/help-support/general-faq/foreign-exchange-policy-notices.html。

② 参见 Discretion with central bank to compel exporters,载 The Star 网,https://www.mgtc.gov.my/2023/07/discretion-with-central-bank-to-compel-exporters/。

Commission Act 2015,以下简称《马来西亚航空法案》),马来西亚航空委员会(Malaysian Aviation Commission,MAVCOM)有权对航空服务业的并购交易进行审查。《马来西亚航空法案》禁止任何实质降低航空服务行业竞争性的并购交易。如果并购交易可能导致任何航空服务市场内的竞争大幅度减少,该交易必须向 MAVCOM 申报。

如果满足以下任一条件,则很有可能对并购交易进行调查:①

(1)并购前的财政年度内并购各方在马来西亚的总营业额至少为5000 万林吉特;或

(2)并购前的财政年度内并购各方在全球的总营业额至少为 5 亿林吉特。

2. 通信行业

根据《1998 年通讯和多媒体法案》(Communications and Multimedia Act 1998,以下简称《马来西亚通信法案》),通信和多媒体行业的并购交易受马来西亚通信和多媒体委员会(Malaysia Communications and Multimedia Commission,MCMC)监管。《马来西亚通信法案》禁止任何意图或将会实质降低通信市场竞争性的并购交易。2019 年 5 月 17 日,马来西亚通信和多媒体委员会发布的《马来西亚并购指南》引入了自愿申报和评估制度。如果满足以下任一条件,可能需要就该并购交易进行申报和评估:②

(1)并购的一方是已在通信市场中占据主导地位的通信业务被许可人;或

(2)并购导致或可能导致通信业务被许可人在通信市场获得主导地位。

---

① 参见 Janet Looi,Lim Koon Huan,Selvamalar Alagaratnam,Preetha Pillai,Kuek Pei Yee and Tan Shi Wen:Doing Business in Malaysia:Overview,载 Thomson Reuters 网,https://uk.practicallaw. thomsonreuters. com/Document/I2ef12a5f1ed511e38578f7ccc38dcbee/View/FullText.html?transitionType = SearchItem&contextData = (sc. Search)#co_anchor_a104796。

② 参见《马来西亚并购指南》第 3. 17 条。

此处的主导地位是指在通信行业中占有超过40%的市场份额。[①]

此外，马来西亚通信和多媒体委员会表示如果未达到以上(1)或(2)中任何一个门槛，并购各方在满足以下任一条件的情况下可能也需要进行申报和评估：[②]

(1)至少有并购的一方因实施了《马来西亚通信法案》所禁止的行为正在接受通信委员会的调查；或

(2)并购各方之间存在大量的交叉持股(持股40%或更高)。

值得注意的是，《马来西亚2010年竞争法》的修订案(Amendments to the Competition Act 2010，以下简称《2010年竞争法修订案》)中引入了并购交易审查制度，且该修订案已经启动了征集公众意见的程序。《2010年竞争法修订案》对并购交易审查作出如下规定：[③]

(1)被禁止的并购交易。并购或拟议的并购完成后，可能导致任何商品或服务市场的竞争大幅减少的，禁止并购交易。

(2)申报通知模式。马来西亚的并购交易审查采取混合通知模式：对于超出交易门槛的并购采取强制性预先申报；而对于未超过交易门槛的拟议并购，可以在并购完成之前或完成之后自愿通知马来西亚竞争委员会。但在《2010年竞争法修订案》的征求意见稿中并未对交易门槛作出约定。

(3)审查期限。对于强制性预先申报，马来西亚竞争委员会应在收到拟议并购完整申报后的120个工作日内完成审查；对于自愿申报的未超过交易门槛的并购或拟议并购，则不受120个工作日的时间限制。

三、马来西亚投资的法律形式和投资流程

(一)马来西亚投资的主要法律形式

外国投资者在马来西亚进行投资的形式包括直接投资和间接投资

---

① 参见《马来西亚并购指南》第3.20条。

② 参见《马来西亚并购指南》第3.21条。

③ 参见 Consultation Paper on the Proposed Amendments to the Competition Act 2010，载 Malaysia Competition Commission 网，https://www.mycc.gov.my/sites/default/files/Consultation%20Document%20for%20the%20Proposed%20Amendments%20of%20Act%20712%20%5B25.4.22%5D.pdf。

两种,其中直接投资包括设立新的法人实体、对现有法人实体进行出资或收购等。间接投资的形式主要是通过证券交易所购买有价证券、通过证券投资基金或其他金融机构进行投资。

就新设法律实体而言,马来西亚法律目前允许设立的实体包括:(1)个人独资企业;(2)合伙企业,包括普通合伙企业和有限责任合伙企业;(3)公司,包括担保有限公司、无限责任公司、股份有限公司;(4)分公司;(5)代表处。前述法律实体中,外国投资者设立企业的形式主要包括公司、有限责任合伙企业、分公司和代表处,且不得设立个人独资企业。

1. 代表处/区域办公室(Representative Office/Regional Office,RO)

在马来西亚设立代表处/区域办公室通常需要获得马来西亚投资发展局的批准。代表处/区域办公室被批准的初始期限通常为2年。

根据马来西亚投资发展局发布的指南,代表处不得从事任何形式的商业活动、出租仓储设施、代理国外公司签署商业合同或提供收费服务,以及参与其集团公司在马来西亚设立的任何实体的日常管理。代表处/区域办公室可从事的活动包括策划或协调商业活动、进行调研和产品开发,以及其他不会直接导致实际商业交易的活动。①

2. 分公司(Branch)

分公司也被称为外国公司(Foreign Company),可被视为外国投资者境外总公司在马来西亚的拓展,因此其名称应当同原注册地的外国公司的注册名称一致。外国公司在注册名称时应向注册官申请对其公司的名字进行搜索,申请书应附有外国公司在其起源地的注册证明书(或类似文件)的副本。② 外国公司必须委任1名代理人,此代理人必须是马来西亚公民。外国公司必须在马来西亚进行注册,否则不能开展业务

① 参见《马来西亚设立代表处/区域办公室指南》第2条、第3条。

② 参见 Guidelines for Registration of Foreign Company, 载 Companies Commission of Malaysia 网, https://www. ssm. com. my/Pages/Legal _ Framework/GUIDELINES/gl6 _ bi _ guidelines_for_registration_of_foreign_company_201117_0. pdf。

活动。①

需要注意的是，根据马来西亚国内贸易及消费者事务部（Ministry of Domestic Trade and Consumer Affairs，MDTCA）发布的《马来西亚外资从事分销贸易服务指南》，外国公司从事分销贸易服务的，需要提前取得国内贸易及消费者事务部的批准，以满足合规要求。同时，在分销贸易业务领域引进外资的（如外资参与的并购等），也必须取得 MDTCA 下属分销贸易委员会的批准。此外，有外资参与的分销贸易公司必须满足一系列要求，包括聘用马来西亚人担任董事、在管理层聘用当地人、低技能要求的外国员工只能占 15% 等。②

3. 个人独资企业（Sole Proprietorship）

在马来西亚法律下可以设立个人独资企业，且法律在设立和监管个人独资企业方面的规定较为宽松。个人独资企业以个人名义经营，其不具有独立的法人资格，以其个人全部资产对个人独资企业的债务承担无限责任。

对于个人独资企业，只有年满 18 周岁的马来西亚公民和取得永久居留权的居民才有权申请注册。投资者在企业开展业务之日起 30 日内，必须向登记机关（马来西亚公司委员会，Suruhanjaya Syarikat Malaysia，SSM）提交登记材料，包括企业名称、业务范围、开始营业的时间、营业地点、分支机构所在地等。③

因此，除非取得马来西亚永久居留权，否则外国投资者不得在马来西亚设立个人独资企业。

4. 合伙企业（Partnership）

马来西亚的合伙企业可以分为普通合伙企业和有限责任合伙企业。根据马来西亚法律规定，外国投资者仅可以在马来西亚投资设立有限责任合伙企业。

---

① 参见《马来西亚公司法》第 561 条、第 563 条。

② 参见《马来西亚外资从事分销贸易服务指南》第 3.0 条、第 5.1 条、第 5.4 条。

③ 参见 Starting Sole Partnership Mengenai，载 Companies Commission of Malaysia 网，https://www.ssm.com.my/bm/Pages/Register_Business_Company_LLP/Business/Starting_Sole_Partnership.aspx。

(1)普通合伙企业

与个人独资企业相似，只有年满18周岁的马来西亚公民和取得永久居留权的居民才有权申请注册普通合伙企业。普通合伙企业的合伙人必须是自然人，最少可以有2名合伙人，最多不超过20名。除个人独资企业要求的材料以外，申请人还需要向登记机关提交合伙协议作为登记材料。①

需要注意的是，普通合伙企业同样不具有法人资格，普通合伙企业的合伙人个人对企业的债务承担无限连带责任，企业合伙人之间需要对债务进行分担。

(2)有限责任合伙企业(Limited Liability Partnership，LLP)

为了丰富合伙企业的组织形式和促进投资，马来西亚于2012年颁布实施了《马来西亚有限责任合伙企业法》，允许在马来西亚设立有限责任合伙企业。

有限责任合伙企业由2名以上合伙人组成，人数没有上限，合伙人可以是自然人或法人团体，仅以出资份额对企业债务承担有限责任。需要注意的是，为专业人士而成立的有限责任合伙必须由同一专业的自然人所组成，而且注册会计、律师和公司秘书组成的专业服务合伙企业在成立之前还需要获得相关监管机构的批准函。②

有限责任合伙企业具有独立的法人资格，以其企业财产对外承担责任。根据马来西亚法律，投资者需要向登记机关登记包括企业名称、业务范围、办事机构、合伙人和合规官的姓名、名称、国籍、住所等信息。申请注册律师事务所、会计师事务所等专业类有限责任合伙企业的，还需要取得相关主管部门的许可。③

需要注意的是，马来西亚法律并未要求合伙人必须为马来西亚公民

---

① 参见 Starting Sole Partnership Mengenai，载 Companies Commission of Malaysia 网，https://www.ssm.com.my/bm/Pages/Register_Business_Company_LLP/Business/Starting_Sole_Partnership.aspx。

② 参见《马来西亚有限责任合伙企业法》第8条、第10条、附件1。

③ 参见《马来西亚合伙企业法》第10条。

和取得永久居留权的居民，但有限责任合伙企业的合规官必须是马来西亚公民或取得永久居留权的居民，且经常居住地位于马来西亚。合规官可以从合伙人或者根据2016年《马来西亚公司法》有资格担任秘书的人员中选聘。[①]

5. 公司（Company）

根据《马来西亚公司法》的规定，马来西亚的公司可以分为股份有限公司、担保责任有限公司和无限公司。[②] 所有类型的公司都需要有1位年满18周岁的马来西亚常驻居民作为公司秘书。同时，公司秘书必须是马来西亚公民或取得永久居留权的居民。[③]

（1）股份有限公司（Limited Company by Shares）

马来西亚最常见的公司结构是股份有限公司，股份有限公司又可以分为私人有限公司（通过在公司名字里带有"Sendirian Berhad"或者"Scn. Bhd."字眼来辨别）和公众有限公司（通过在公司名字里带有"Berhad"或者"Bhd"字眼辨别）。[④]

①私人有限公司（Private Limited Company）

根据《马来西亚公司法》的规定，作为独立法人，私人有限公司有权自行开展商业活动、参与诉讼，其公司财产独立于股东个人财产，股东以出资额为限承担有限责任。

私人有限公司必须注意和遵守以下事项：a. 股东人数不超过50人；b. 至少有1位董事，且至少1位董事的经常居住地在马来西亚境内；c. 禁止邀请公众认购其股份和债券；d. 禁止邀请公众在公司存入存款（无论是计息还是无息）。[⑤] 此外，私人有限公司可以选择不制定公司章程，在这种情况下公司成员的权责则完全依据《马来西亚公司法》。[⑥]

---

① 参见《马来西亚有限责任合伙企业法》第27条。

② 参见《马来西亚公司法》第10条。

③ 参见《马来西亚公司法》第235条。

④ 参见《马来西亚公司法》第11条、第25条。

⑤ 参见《马来西亚公司法》第42条、第43条、第196条。

⑥ 参见《马来西亚公司法》第31条。

②公众有限公司(Public Limited Company)

与私人有限公司不同的是,公众有限公司的股东人数没有上限,且至少有2名董事。①

此外,在马来西亚上市的外资公司应当将其12.5%的股份分配给马来西亚土著居民(Bumiputera)持有,但拥有多媒体超级走廊地位、生物科技公司地位以及主要在海外运营的公司可不受前述限制。②

在向马来西亚公司委员会和马来西亚证券委员会(Securities Commission Malaysia,SC)递交招股说明书后即可向公众公开发行股票,所发行的股票可以自由转让。公众有限公司需要受马来西亚证券交易所(Bursa Malaysia)和马来西亚证券委员会的监管,合规要求较高。

(2)担保责任有限公司(Company Limited by Guarantee,CLG)

《马来西亚公司法》规定,任何公司不得设立为或成为有股本的担保责任有限公司。③ 担保责任有限公司必须是公众公司,公司成员通过签署章程,确定在公司清算时每名成员担保或承担的债务责任。④ 因此,担保责任有限公司的担保人不需要向公司出资,但如果公司清算,担保人有义务按照承诺的担保金额偿还债务。

担保责任有限公司只能出于提供消遣或娱乐、促进工商业发展、促进艺术发展、促进科学发展、促进宗教进步、促进慈善事业、促进养老金或退休金计划等非营利目的。⑤ 与私人有限公司不同的是,《马来西亚公司法》要求担保责任有限公司必须制定公司章程,并只能出于前述目的使用公司利润。⑥

---

① 参见《马来西亚公司法》第196条。

② 参见《对外投资合作国别(地区)指南——马来西亚(2024年版)》,载中华人民共和国商务部网,https://www.mofcom.gov.cn/dl/gbdqzn/upload/malaixiya.pdf。

③ 参见《马来西亚公司法》第12条。

④ 参见 Guidelines on Company Limited by Guarantee,载 Companies Commission of Malaysia 网,https://www.ssm.com.my/Pages/Legal_Framework/Document/GUIDELINES-ON-COMPANY-LIMITED-BY-GUARANTEE-270921-Final.pdf。

⑤ 同上。

⑥ 参见《马来西亚公司法》第45条。

(3)无限公司(Unlimited Company)

无限公司是股东以其全部资产而非出资额对公司债务承担无限责任的公司。在马来西亚,无限公司的名称均以 Sendirian 或缩写 Sdn 结尾。[①]

由于需要承担无限责任,因此,对投资人而言,无限公司与个人独资企业和合伙企业较为相似。主要区别有二:一是在股份(出资份额)转让方面,与合伙人转让合伙企业份额相比,无限公司股东对外转让股份更加具有灵活性,也可以要求公司回购股份(但股东出让股份后 1 年内公司倒闭的,原股东仍需承担无限责任)。二是公司治理方面,无限公司需要遵守公司组织架构和合规方面的相关法律规定,合规要求较高。

(二)投资程序

根据马来西亚法律,不同的投资形式需要办理不同的许可程序。

1. 新设实体

股份有限公司通常受到外国投资者的青睐。在马来西亚设立法律实体需要在马来西亚公司委员会(Suruhanjaya Syarikat Malaysia,SSM)进行注册登记,部分行业的公司需要申请相应的许可。

(1)马来西亚公司委员会注册

除代表处/区域办公室外,在马来西亚新设其他法律实体必须通过线上平台向马来西亚公司委员会提出申请,不同法律实体所提交的信息具有一定的差异。各实体可申请预留公司名称,通过后可保留 30 日或登记员允许的更长时间。[②]

①股份有限公司。注册股份有限公司需在公司名称保留的有效期内提供以下信息:a. 拟建公司的名称;b. 拟建公司的性质是属于私人公司还是上市公司;c. 拟建公司的业务性质;d. 拟建注册办事处地址;e. 拟建公司股东的姓名、身份、国籍和普通居住地地址,如该股东为法人实

---

① 参见《马来西亚公司法》第 25 条。

② 参见 Name Search for a Company,载 Companies Commission of Malaysia 网,https://www.ssm.com.my/Pages/Register_Business_Company_LLP/Company/Name-Search-Company.aspx。

体,则提供其企业名称、注册地、注册号码和其注册办事处地址;f. 董事的姓名、身份信息、国籍和经常居住地地址;g. 公司秘书的姓名、身份信息、国籍和经常居住地地址;h. 股东所持股份的类别及数目的详情;i. 其他登记机构要求提供的信息。[①]

提出申请时须支付 1000 林吉特的费用。如果审核通过,马来西亚公司委员会会发送批准和注册通知给申请人。如果需要公司注册证明,申请人须另行发起申请,并支付相应费用。[②]

②分公司(外国公司)。注册分公司需在公司名称保留的有效期内提供以下资料:a. 马来西亚境内自然人股东的姓名、身份信息、国籍和经常居住地,或实体股东的名称、注册地或来源地、注册号和注册地址;b. 分公司董事的姓名、身份信息、国籍和经常居住地;c. 来源地公司(总公司)的股东或成员名单;d. 有股本的外国公司在来源地的股份类别和数量;e. 来源地无股本的外国公司的成员承诺在公司解散时对公司资产承担的缴付数额;f. 外国公司通过备忘录或授权书在马来西亚居民中聘用的马来西亚境内代理的姓名和地址;g. 前述代理接受聘用的声明;h. 总公司成立或注册证书的核证副本;i. 总公司章程(或可代替章程的其他文件)的核证副本;j. 公司名称申请和预留申请副本;k. 公司名称预留批准的通知邮件副本;l. 其他注册机构要求提供的信息。[③]

需要注意的是,如果前述任何注册文件所使用的语言不是马来文或英文,须附上一份该文件的经认证的马来文或英文翻译件。马来西亚公司委员会预计需要 1 个工作日来审核注册外国公司的申请。如果审核通过,马来西亚公司委员会将会发出注册通知书。获得注册通知书后,

---

① 参见《马来西亚公司法》第 14 条。

② 参见 Guidelines for the Incorporation of Local Companies,载 Companies Commission of Malaysia 网,https://www. ssm. com. my/Pages/Legal_Framework/GUIDELINES/4. -Guidelines-For-Incorporation-Of-A-Local-Company. pdf。

③ 参见 Guidelines for Registration of Foreign Company,载 Companies Commission of Malaysia 网,https://www. ssm. com. my/Pages/Legal _ Framework/GUIDELINES/gl6 _ bi _ guidelines_for_registration_of_foreign_company_201117_0. pdf。

外国公司即可在马来西亚成立其分公司并营业。注册费依据总公司的注册资本确定,费用在5000林吉特至7万林吉特之间。[①]

③有限责任合伙企业。注册有限责任合伙企业需提供以下资料:a. 拟设立有限责任合伙的名称;b. 业务性质;c. 注册地址;d. 合伙人的名称和详细信息;e. 合规官的姓名和详细信息;f. 专业服务合伙企业的相关批准;以及g. 其他注册机构要求提供的信息。[②]

注册费为500林吉特,如果审核通过,马来西亚公司委员会将发出注册通知给有限责任合伙企业。如需注册证明,申请人需另行申请并支付相应费用。[③]

(2)特殊行业的许可

有部分行业在马来西亚设立实体除了需要在马来西亚公司委员会注册外,还需要根据各行业的法律法规取得相应政府部门发放的许可证,具体包括如下行业:

①制造业。根据《马来西亚1975年工业协调法》,股东资金为250万林吉特或以上的公司,或者聘用超过75名或以上的全职员工的从事制造活动的公司,需要向马来西亚贸工部(The Ministry of International Trade and Industry,MITI)申请制造许可。其中,股东资金是指公司的实缴资本,储备金和利润损益账户的余额的累加,但不包括固定资产重新估值增加的资金;全职员工通常是指一天最少工作6小时,一年12个月中每个月最少工作20天并获得薪水的员工。[④]

---

① 参见 Guidelines for Registration of Foreign Company, 载 Companies Commission of Malaysia 网, https://www.ssm.com.my/Pages/Legal_Framework/GUIDELINES/gl6_bi_guidelines_for_registration_of_foreign_company_201117_0.pdf。

② 参见 General Guidelines for Registration of Limited Liability Partnership and Related Matters, 载 Companies Commission of Malaysia 网, https://www.ssm.com.my/Pages/Register_Business_Company_LLP/LLP/LLP-Document/General-Guidelines-on-registration.pdf。

③ 参见 Starting a Limited Liability Partnership (LLP), 载 Companies Commission of Malaysia 网, https://www.ssm.com.my/Pages/Register_Business_Company_LLP/LLP/Starting-a-Limited-Liability-Partnership-(LLP).aspx。

④ 参见 Setting Up Business—Approval and Licensing, 载 Malaysian Investment Development Authority 网, https://www.mida.gov.my/setting-up-content/approvals-and-licensing/。

②批发和零售行业。外资持股比例超过51%的公司在从事批发和零售行业前需要向马来西亚贸易及消费者事务部取得批发、零售与贸易许可(Wholesale Retail Trade License,WRT)。[①] 申请批发、零售与贸易许可的最低资本要求根据营业实体的具体类型来定:巨型超市(Hypermarket)要求最低股东资金(包括实缴资本在内)5000万林吉特;百货公司要求最低股东资金(包括实缴资本和储备金)2000万林吉特;超级市场(Superstore)要求最低股东资金(包括实缴资本和储备金)2500万林吉特;专营市场(Specialty Store)、便利店和其他分销形式要求最低股东资金(包括实缴资本在内)100万林吉特。[②] 同时,申请材料中还要求公司提供营业场所的租赁或购买协议。[③]

③建筑行业。外国投资者在马来西亚从事建筑工程业务需要在马来西亚建筑发展局(Construction Industry Development Board, CIDB)注册,取得外国承包人注册证书。外国承包人仅能从事注册证书中载明的工程项目,不得参与其他未记载的工程项目或工程项目的投标。[④]

④电信和广播行业。在马来西亚从事电信和广播行业需要向马来西亚通信和多媒体委员会申请相关许可,从事NFP、NSP、ASP和CASP均需要取得相应许可,该许可可分为个人许可(Individual License)和类别许可(Class License)。个人许可适用于从事特定活动的特定主体,监管要求更高,可能附加特别的条件;类别许可为一种"宽松"的监管形式,旨在通过降低行业准入标准来促进行业的成长和发展。其中,ASP

---

① 参见Business License,载The Government of Malaysia's Official Gateway网,https://www.malaysia.gov.my/portal/content/30342。

② 参见Guidelines on Foreign Participation in Distributive Trade Services in Malaysia,载Ministry of Domestic Trade and Consumer Affairs网,https://www.kpdn.gov.my/images/dokumen/perdagangan/perdagangan-pengedaran/FINAL_GP_2020.pdf。

③ 参见Wholesale and Retail Distribution Trade Application(WRT),载Ministry of Domestic Trade and Cost of Living of Malaysia网,https://www.kpdn.gov.my/en/public/download-forms/category/borang-j-permohonan-perdagangan-pengedaran-borong-runcit-wrt。

④ 参见Contractor Registration Guidelines,载Construction Industry Development Board of Malaysia网,https://www.cidb.gov.my/eng/contractor-registration/。

不可申请个人许可。[1]

2. 收购现有马来西亚公司的股权

收购在马来西亚设立的公司通常没有特别的法律障碍，但投资者需要评估相关股权收购交易对外国投资者持股比例是否有特别的限制，收购私人股份有限公司股权的，遵从马来西亚公司法、合同法的规定即可。

如果投资者收购上市公司的股份，该收购是通过马来西亚证券交易所的公开市场进行交易。在马来西亚证券交易所上市的公众公司、房地产投资信托公司和商业信托公司，以及股东超过50人且净资产不少于1500万林吉特的马来西亚非上市公司，受到《2016年马来西亚收购和合并准则》(Malaysian Code on Take-Overs and Mergers 2016)，以及《2016年收购、合并和强制收购规则》(the Rules on Take-Overs, Mergers and Compulsory Acquisitions 2016)的规制。[2] 此外，如果收购中的目标公司在马来西亚证券交易所上市，还应当遵守马来西亚证券委员会和马来西亚证券交易所的相关规定。在收购上市公司股份中，马来西亚发出的要约类型可分为强制要约(mandatory offers)、收购要约(take-over offers)和部分要约(partial offers)。[3] 在适用《2016年收购、合并和强制收购规则》的情况下，收购方及其一致行动人在取得一家公司的控制权或触及持续收购标准时，有义务发出要约收购该公司的全部股份，具体如下：(1)法定控制(Statutory Control)指持有目标公司50%以上有表决权的股份；(2)已经持有目标公司33%至50%的表决权股份，进而在任何6个月内收购超过目标公司2%有表决权股份；(3)获得一家公司或其上游实体50%以上的股份，进而获得或巩固对二级公司(下游公司)的控制权。[4]

---

① 参见Licensing Guide Book，载Malaysian Communication and Multimedia Commission网，https://www.skmm.gov.my/skmmgovmy/files/attachments/LicensingGuideBook.pdf。

② 参见《外商对马来西亚的投资流程》，载彦德国际网，https://www.broadjt.com/gszcnews/272.html。

③ 同上。

④ 参见《马来西亚2016年收购、合并和强制收购规则》第2.01条、第3条、第4.01条。

在马来西亚现行法律框架内,如果投资者收购企业涉及航空服务行业和通信行业,参与股权收购的相关方达到一定规模可能触发经营者集中申报,详见第二部分(四)之国家安全审查和经营者集中申报。

通过收购马来西亚公司股权的方式实现投资的,通常会涉及印花税,对于股权转让文件,按照应付对价或股权的价值(以较高者为准)的0.3%征收。[①] 对于不动产公司(Real Property Company,RPC)的股权收购还涉及不动产利得税(Real Property Gains Tax,RPGT)。需要注意的是,只有在公司拥有不动产或拥有不动产公司的股份,且该等股份不低于不动产公司有形资产总价值的75%时公司才被视为不动产公司。出售或收购不动产公司的股份被视作不动产买卖,因而适用不动产利得税的征收规定。[②] 2019 年以来在马来西亚注册的公司出售不动产应缴纳的不动产利得税税率如下:持有不动产 3 年以内出售的,征收增值部分的30%;第 4 年出售的,征收增值部分的 20%;第 5 年出售的,征收增值部分的 15%;6 年及以上出售的,征收增值部分的 10%。[③]

3. 收购现有马来西亚公司的资产

外国投资者在马来西亚进行资产收购没有限制性规定,但如果外国投资者资产收购标的包括土地,则需要遵守马来西亚法律对外国投资者在土地获得方面的限制。

根据《马来西亚国家土地条例》(Malaysian National Land Code),以非马来西亚公民或外国公司为受益人的土地或土地权益交易(如转让和租赁)通常须事先获得国家土地管理局(State Land Authority)的批准。如前文所述,如果收购资产涉及不动产,通常需要缴纳不动产利得税。

---

① 参见 Guidelines on the Stamping of Share Transfer Instruments for Shares that are Not Quoted on the Kuala Lumpur Stock Exchange,载 Inland Revenue Board of Malaysia 网,https://phl.hasil.gov.my/pdf/pdfam/guideline_stampingofshares.pdf。

② 参见 Shares In Real Property Company (RPC),载 Inland Revenue Board of Malaysia 网,https://www.hasil.gov.my/en/rpgt/shares-in-real-property-company-rpc/。

③ 参见 Real Property Gains Tax (RPGT) Rates,载 Inland Revenue Board of Malaysia 网,https://www.hasil.gov.my/en/rpgt/real-property-gains-tax-rpgt-rates/。

四、投资路径的考量

(一)独资,抑或合资

就马来西亚允许外国投资者设立的法律实体而言,如果外国投资者希望长期开展业务,可以根据其商业目的考虑选择设立公司或有限责任合伙企业,如果仅希望开展有限的活动,可以考虑设立代表处/区域办公室或分公司。在实践中,股份有限公司是外国投资者更为常见的选择。外国投资者可以结合以下因素考虑是否选择与本地合作伙伴合资设立股份有限公司:

一是是否存在土地需求。目前马来西亚对于外国投资者获得土地还存在一定的限制,如果投资项目存在土地需求则可以选择与当地的合作伙伴共同设立合资公司,以便于获取土地。

二是是否存在行业准入限制。马来西亚在部分行业对于外国投资者的进入作出了限制,如石油、通信、批发和零售行业等。因此,投资项目如果属于限制外商进入的行业则需要通过设立合资公司来开展项目。

(二)股权收购,抑或资产收购

除新设公司外,外国投资者可以通过收购的方式完成其在马来西亚的投资。实践中,外国投资者可以综合考量商业目的、目标企业的法律和负债情况、经济效益以及或有负债等情况,选择合适的收购方式。

1. 股权收购

对交易双方而言,股权收购通常实施起来更为简单,与资产收购相比具有以下优势:

(1)在收购流程方面,除涉及经营者集中和上市公司等特殊情况外,马来西亚法律并未对股权收购作出特别的规定,交易双方只需要签署股权转让协议即可。

(2)在业务方面,由于马来西亚较多行业事先需要取得相关许可,因此选择股权收购的方式可以避免重新取得相关许可,最大限度保留目标公司已经取得的行政许可,保证目标公司的业务连续性。

(3)在税务方面,除收购不动产公司股份的,其他行业的股权收购仅需要按照应付对价或股权的价值(以较高者为准)的0.3%缴纳印花税。

需要注意的是，在股权收购中，受让方不可避免地承继目标公司的原有负债以及或有负债，包括税务负担、金融债务等。因此，对目标公司的尽职调查是非常必要的，尤其是在税务负担和债务情况方面。因此建议收购方聘请专业的中介服务机构开展税务尽职调查，并聘请税务律师起草专业的税务补偿条款和陈述保证条款，以维护自身利益。

2. 资产收购

资产收购标的为各种类型财产的所有权，通常较为复杂。资产收购的标的通常包括土地、知识产权、固定资产、合同等，因此需要根据不同类别财产转让的要求完成所有权的转让，在某些情况下该等转让还需要获取未直接参与交易第三方的同意。此外，开展业务可能需要重新取得新的许可。

需要注意的是，资产收购中可能涉及劳动纠纷的问题。根据马来西亚法律，资产收购中不涉及劳动者的自动转移，并且雇主不能在没有雇员同意的情况下单方面将雇员转移到另一家雇主。雇员必须辞职或者由卖方终止雇佣关系后由买方向其提供新的雇用机会。如果雇员是西马来西亚或纳闽的居民，并且月薪在 4000 林吉特以下或从事特定工作（如体力劳动、监督体力劳动或驾驶机动车辆），则根据《马来西亚雇佣法》（Employment Act 1955）需要按照最低要求向其发出终止通知或结算月薪，并可能需要支付解雇补偿金。①

与股权收购相比，资产收购的优势在于受让方可以选择购买或承担特定的资产或负债，而放弃并不需要的资产和负债。资产购买者通常不会承继目标公司的负债，除非该负债被专门收购。

此外，资产收购除需要缴纳印花税外，还需要缴纳销售税和服务税。印花税按照应付对价或转让财产的市场价值（以较高者为准）的 1% 至 4% 征收，销售税税率为 10% 或 5%，服务税税率为 6%。

---

① 参见 Quick Reference Guide—Malaysia，载 Bakermckenzie 网，https://resourcehub.bakermckenzie.com/en/resources/global-private-ma-guide-limited/asia-pacifihttps://resourcehub.bakermckenzie.com/en/resources/global-private-ma-guide-limited/asia-pacific/malaysia/topics/quick-reference-guide。

五、中国企业赴马来西亚投资的法律建议

马来西亚优越的营商位置、透明的政策、旨在预防腐败的结构性改革、不断完善的外商投资法律法规体系，使其成为最具吸引力的外国直接投资目的地之一。但由于马来西亚在法律法规、监管体制等方面的不足，中国企业如选择前往马来西亚投资，应注意采取必要的风险防范措施。具体建议如下。

（一）熟悉马来西亚法律法规和政策

1. 了解马来西亚的行业准入限制。马来西亚在石油、通信、批发零售行业对外国投资者持股比例作出了限制，投资者应当判断投资项目所处行业是否存在行业准入限制。

2. 发现潜在的投资壁垒。马来西亚部分行业对外商投资本地化有一定的要求，如批发和零售行业、石油行业等。

3 了解马来西亚设立公司的强制性要求。如公司必须设立公司秘书，且必须为马来西亚公民或取得永久居留权的居民。

4. 了解马来西亚的劳动政策。如外国人如需到马来西亚工作，需取得马来西亚移民局签发的工作准证或临时雇工准证后才能合法地在马来西亚工作。根据 MIDA 的规定，拥有外资实收资本的制造业企业，视实收资本金额的大小可获得数量不等的外籍雇员职位配额。

（二）了解马来西亚投资鼓励政策

马来西亚出台了丰富的投资鼓励政策，该等政策主要是以税务减免的形式出现的，分为直接税激励和间接税激励两种。直接税激励是指对一定时期内的所得税进行部分或全部减免；间接税激励则以免除进口税、销售税或国内税的形式出现。如新兴工业地位（Pioneer Status，PS），获得新兴工业地位称号的企业可享受为期 5 年的所得税部分减免，仅需就其法定收入的 30% 征收所得税。免税期从生产能力达到 30% 时开始起算。未吸收资本免税额度以及处于新兴产业地位期间累计的损失可以结转并从公司新兴产业地位期间结束后的收入

中予以扣除。[①]

马来西亚投资发展局官方网站公布了马来西亚各项优惠政策,且一般在每年第四季度进行调整更新,可跟踪查询。外资企业可以充分了解并运用这些投资鼓励政策,以减轻投资者的融资压力,加快项目落地。

(三)加强尽职调查

对于拟与马来西亚公司设立合资公司的投资者,在正式签署合作文件之前建议对合作伙伴展开尽职调查,以确认其是否具有合作实力、是否与其所述情况相符,尤其是合作伙伴是否具有其所宣传的资源、许可证、资产,是否可以投入新设合资公司中。在确认合作伙伴后,通过聘请专业律师与其签署正式的合作文件,包括可能的合资协议、股东协议等文件。

对于通过收购的方式在马来西亚投资的投资者,建议对目标公司及受让标的进行尽职调查,以确认目标公司资产情况、公司债权债务、公司经营情况、财务数据、税务状况、法律纠纷情况以及是否被列入制裁名单。在确认目标公司后,通过聘请专业律师与其签署正式的合作文件,包括可能的收购协议、股东协议等。

(四)合理设置争议解决条款

马来西亚是《纽约公约》(New York Convention on the Recognition and Enforcement of Foreign Arbitral Awards)成员国,且其法律允许本国法院承认和执行外国仲裁,因此,建议外国投资者在投资合同中设置争议解决条款。马来西亚政府积极推动使用吉隆坡区域仲裁中心,该中心是马来西亚唯一公认的仲裁中心,为贸易争端提供国际仲裁、调停和调解服务,但是根据《纽约公约》的规定,在外国司法管辖区进行的仲裁可以在马来西亚执行。

除了仲裁之外,对于部分国家或地区的法院作出的法院判决,根据马来西亚的《1958 年相互执行判决法》(Reciprocal Enforcement of

---

① 参见 Incentives for New Investments,载 Malaysian Investment Development Authority 网,https://www. mida. gov. my/setting-up-content/incentives/。

Judgments Act 1958)可以在马来西亚执行,但是必须先完成登记,该等且必须在外国判决作出后6年内提交登记申请。值得注意的是,只有当判决是由《1958年相互执行判决法》附表一所列国家和地区的高级法院作出时,才有可能被登记,这些国家和地区包括:英国、新加坡、新西兰、斯里兰卡共和国、印度、文莱、中国香港特别行政区。①

(五)聘请专业的法律团队

鉴于中国投资者到马来西亚投资受到多方面的限制以及当地的投资环境,建议中国企业尽早聘请专业的法律团队为企业提供咨询辅导等专业服务。通过开展尽职调查、起草交易文件或公司设立文件,及时预判风险、预防风险,降低中国企业在马来西亚投资的风险,为中国企业在马来西亚投资提供专业的法律服务。

① 参见Mavinthra Jothy Thillainathan:Registering a Foreign Judgment under The Reciprocal Enforcement of Judgments Act 1958,载Thomas Philip Advocates & Solicitors网,https://www.thomasphilip.com.my/articles/registering-a-foreign-judgment-under-the-reciprocal-enforcement-of-judgments-act-1958/。

第六章　东盟十国投资之缅甸篇

缅甸重要的地理位置、对待外商投资的鼓励政策，以及《区域全面经济伙伴关系协定》（Regional Comprehensive Economic Partnership，RCEP）的生效使其成为中国企业在东南亚投资的重要选择之一。但同时，缅甸动荡的政治局势、对外商投资的较多限制性规定，使外商投资面临较大不确定性。本章将结合缅甸外商投资的最新监管规定和缅甸政府对代表处、分支机构、有限责任公司、股份公司等不同类型法律实体的设立要求，提示中国投资者在缅甸进行投资时应根据政府监管要求，结合自身商业目的选择合适的法律实体，并在投资过程中，增加对当地法律规定的了解程度，采取尽职调查、购买保险等方式把控投资风险，提高投资收益。

一、缅甸投资的现状

缅甸投资和公司管理局（Directorate of Investment and Company Administration，DICA）披露的数据显示，2023 年 1 月至 2024 年 3 月，缅甸的外国投资额超过 6.61 亿美元。[①] 自 2021 年 2 月政变之后至今，缅甸处于紧急状态且暂不确定紧急状态的结束时间，虽然有部分外国投资者退出缅甸，但缅甸在紧急状态下的 9 项政策目标中仍然包括吸引外国投资，政府吸引外资的意愿和对外开放力度并未改变。从长远来看，重要的地理位置、廉价的劳动力、丰富的自然资源、不断完善的法律和监管体系使缅甸成为外国投资者开展境外投资的选择之一。

---

① 参见 Yearly Approved Amount of Foreign Investment，载 Directorate of Investment and Company Administration 网，https://www.dica.gov.mm/sites/default/files/document-files/2024-march_foreign_direct_investment_yearly_approved_amount_country.pdf。

自2011年民选政府执政起，缅甸便积极更新在投资领域的国内法律规范，以适应国内国际投资环境要求，加大吸引外资力度。2016年10月，缅甸通过了新的《缅甸投资法》（Myanmar Investment Law），并在2017年3月发布了《缅甸投资实施条例》（Myanmar Investment Rules）。《缅甸投资法》将之前的《外国投资法》（Foreign Investment Law）与《缅甸公民投资法》（the Myanmar Citizen's Investment Law）合二为一，致力于使外国投资者与缅甸国内投资者在统一的管理体系下从事投资活动。2018年，新的《缅甸公司法》（Myanmar Companies Law）开始施行，放宽了外国投资者在本土"缅甸公司"的持股比例，外国投资者在"缅甸公司"的持股比例至多可以达到35%。因此，外国投资者可以更大限度地通过合资方式参与仅限于"缅甸公司"开展的经济活动，如土地开发、在仰光证券交易所上市等。

在国际投资协定方面，缅甸已与中国、印度、日本、韩国、老挝、菲律宾和泰国签署并批准了双边投资协定，还与以色列和越南签署了双边投资协定，但目前该协定尚未生效。① 且缅甸还与孟加拉国、印度、中国、老挝和泰国签订了边境贸易协定。此外，2022年5月1日，RCEP正式对缅甸生效，这一举措有助于缅甸吸引外商投资，在便利RCEP成员国外商投资的同时为RCEP成员国提供进一步的保障措施。

二、外国投资者在缅甸投资的限制

（一）市场准入方面的限制

《缅甸投资法》把投资项目类别划分为禁止类投资行业、限制类投资行业和鼓励类投资行业。禁止类投资行业包括：（1）可能导致危险或有毒废弃物进入联邦的投资项目；（2）除研发目的的投资外，可能带入尚在境外试验阶段或未取得使用、种植和培育批准的技术、药物和动植物的投资项目；（3）可能影响国内民族地方传统文化和习俗的投资项目；（4）可能危及公众的投资项目；（5）可能对自然环境和生态系统带来

---

① 参见2023 Investment Climate Statements-Burma，载U S. Department of State网，https://www.state.gov/reports/2023-investment-climate-statements/burma/。

重大影响的投资项目;(6)依据现行法律禁止的产品制造或服务提供的投资项目。[①]

根据《缅甸投资法》有关规定,限制类投资行业进一步分为4类:只允许国营的行业、禁止外商经营的行业、外商只能与本地企业合资经营的行业、必须经相关部门批准才能经营的行业。[②] 缅甸投资委员会将制定并及时修订限制投资的行业。2017年3月发布的《缅甸投资实施条例》对限制类投资行业进行了明确,具体如下:

1. 只允许国营的行业。包括:根据政府指令进行的安全及国防相关产品制造业、武器弹药制造及服务、仅限政府指定邮政运营主体运营的邮政服务及邮票发行、航空交通服务(包括航班信息服务、警告、航空咨询服务、航空管理)、导航、自然林管理、放射性物质(如铀、钍等)可行性研究及生产、电力系统管理、电力项目监管等9项。

2. 禁止外商经营的行业。包括:使用缅语或缅甸少数民族语言的新闻出版业、淡水渔业及相关服务、动物产品进出口检验检疫、宠物护理、林产品加工制造、依据矿业法开展的中小型矿产勘探开采及可行性研究、中小型矿产加工冶炼、浅层油井钻探、签证及外国人居留证件印制发行、玉石和珠宝勘探开采、导游、小型市场及便利店等12项。

3. 外商只能与本地企业合资经营的行业。包括:渔业码头及渔业市场建设、渔业研究、兽医、农业种植及销售和出口、塑料产品制造及国内销售、使用自然原料的化学品制造及国内销售、易燃品制造及国内销售、氧化剂和压缩气体制造及国内销售、腐蚀性化学品制造及国内销售、工业化学气体制造及国内销售、谷物加工产品制造及国内销售、糕点生产及国内销售、食品(牛奶及奶制品除外)加工及销售、麦芽酒生产及国内销售、酒精及非酒精饮料生产加工及国内销售、饮用纯净水生产及国内销售、冰块生产及国内销售、肥皂生产及国内销售、化妆品生产及国内批发、住房开发销售及租赁、本地旅游服务、海外医疗交通服务等22项。

---

① 参见《缅甸投资法》第41条。

② 参见《缅甸投资法》第42条。

4. 必须经相关部门批准的行业。包括：需经内政部批准的使用麻醉品和精神药物成分生产及销售药品行业，需经信息部批准的使用外语的出版刊物、广播节目等 6 个行业，需经农业畜牧与灌溉部批准的海洋捕捞、畜牧养殖等 18 个行业，需经交通与通讯部批准的机动车检验、铁路建设及运营等 55 个行业，等等，共有 10 个部委辖下的 126 个行业。

鼓励类投资行业包括：(1) 农业及其相关服务（除了烟草和烤烟的种植和生产）；(2) 森林种植、保护和其他与森林有关的行业；(3) 畜牧生产、渔业育种和生产及其相关服务；(4) 制造业（不包括香烟、烈酒、啤酒及其他有害产品的制造）；(5) 建立工业园区；(6) 新城镇建设；(7) 城市开发活动；(8) 公路、桥梁、铁路建设；(9) 海港、河港和无水港的建设；(10) 机场管理、运营和维护；(11) 飞机维修和养护服务；(12) 供应链和运输服务；(13) 发电、输电和配电；(14) 可再生能源生产；(15) 电信行业；(16) 教育服务；(17) 健康服务；(18) 信息科技服务；(19) 酒店和旅游；(20) 科技研发。

综上所述，由于外资并不符合缅甸国营性质，因此，外国投资者不得投资禁止类投资行业、限制类投资行业中的“只允许国营的行业”“禁止外商经营的行业”。对于外商只能与本地企业合资经营的行业以及必须经相关部门批准的行业，在实践中均存在较大限制。

（二）特定外国投资项目需事先审批

虽然缅甸法律、RCEP 等投资协定均规定了外国投资者和缅甸国内投资者享受同等待遇，但对于允许外国投资者投资的行业，仍存在针对特定外国投资项目需事先审批的情况。

外商投资相关的政府主管部门有：投资委员会、商务部、国家计划与财政部、电力与能源部、投资与对外经济关系部、自然资源与环境保护部。缅甸投资委员会是依据《缅甸投资法》组建的负责管理缅甸投资事务的专门机构。缅甸投资委员会全权代表缅甸政府行使对外国投资的审核和管理权力，对申报项目的资信情况、项目核算、工业技术等进行审批、核准并颁发项目许可证（2016 年《缅甸投资法》赋予了省邦政府投资委员会在外商投资审批方面的部分权限，省邦政府投资委员有权批准

500万美元以下或60亿缅元以下的中小型企业投资项目)。缅甸投资委员会由相关经济部门领导组成,国家投资与对外经济关系部下属的投资与公司管理局主管公司设立及变更登记、投资建议分析及报批、对投资项目的监督等日常事务。

根据《缅甸投资法》,项目投资申请分为投资许可申请和投资认可申请:

就投资许可申请而言,国家战略必要的投资项目、资本密集的大型投资项目、可能对环境和本地社区有潜在重大影响的投资项目、使用国有土地和建筑物的投资项目、政府指定要求向投资委员会提交投资申请的投资项目均应依法向缅甸投资委员会申请投资许可。

就投资认可申请而言,《缅甸投资法》第37条规定,除该法第36条规定的投资外的其他投资,投资者无须向投资委员会提交投资申请。但是,投资者为享受该法第12章规定的土地使用权和第75条、第77条、第78条所列的税收减免优惠,应以规定的表单向投资委员会提交认可申请。需取得投资许可的主要项目类别如表6-1所示。①

表6-1　缅甸投资许可申请的项目类别

类别	投资金额	项目
国家战略必要的投资项目	超过2000万美元	(1)科技产业(包含信息、通信、医疗、生物或类似技术产业)、交通基础设施、能源基础设施、城市发展基础设施及新城市建设、采掘自然资源、传媒以及根据政府部门授予的特许、协议或其他类似授权进行的投资项目; (2)外国投资者在边境地区或受冲突影响地区的投资项目、跨境投资项目、跨国或跨区域投资项目; (3)以农业为主要目的,占地或用地超过1000英亩的投资项目; (4)以非农业为主要目的,占地或用地超过100英亩的投资项目

① 参见《缅甸投资法》及《缅甸投资实施条例》。

续表

类别	投资金额	项目
资本密集的大型投资项目	超过 1 亿美元	不限
可能对环境和本地社区有潜在重大影响的投资项目	—	(1)依法申请环境影响评价的项目； (2)位于现行法律(包括《环境保护法》)所指定的保护区、保留区或生物多样性保护区内,或位于已明确选定用于支持和保护生态系统、文化和自然遗产、文化纪念和未受破坏的自然环境区域内的项目； (3)根据联邦法律已经或可能通过征收、强制收购程序或以事前协议方式征收或强制收购的土地,并且将导致至少 100 名永久居民迁离该土地或涉及超过 100 英亩的区域； (4)涉及超过 100 英亩的区域,并可能对拥有合法土地使用权或自然资源使用权的人士使用土地和自然资源施加非自愿限制； (5)涉及超过 100 英亩的地区,且该土地涉及他人既已存在之善意权利主张或争议,并且该人占有或使用该土地之方式可能与投资项目冲突； (6)可能会对至少 100 名个人占有或继续占有土地的合法权利产生不利影响的投资项目
使用国有土地和建筑物的投资项目	—	—
政府指定要求向投资委员会提交投资申请的投资项目	—	—

(三)土地使用权方面对外国投资者的限制

缅甸土地为国家所有,任何个人和公司不得拥有土地。

根据《缅甸投资法》规定,任何依《缅甸投资法》取得投资许可或投资认可的投资者,有权依据法定形式长期租赁私人的土地或建筑物,或政府部门或组织管理的土地或建筑物,或政府拥有的土地或建筑物以从事投资活动。外国投资者可依相关法律将其租赁的土地或建筑物进行投资。租赁期 50 年,租赁期满后可申请 2 次延期,每次 10 年。投资者须将土地租赁合同按照登记法条例备案。但根据《缅甸经济特区法》的规定,投资者可在基本的 50 年土地使用权期满后申请延期 25 年,可以比上述"50 + 10 + 10"制度多 5 年。此外,经有关管理委员会同意,投资者还可以按规定将土地转租给其他人或组织,或将土地使用权和建筑物进行转卖、抵押、交换、赠与。

(四)外汇方面的注意事项

《缅甸中央银行法》《缅甸外汇管理法》《缅甸外汇管理条例》对外汇管制和货币管制进行了规范。根据缅甸中央银行于 2015 年 5 月 28 日发出的第 MaBaBha – 1/111(FEMD)/(904/2015)号函,与政府实体进行的所有国内交易仅限于缅元。

外汇交易被分为经常账户交易和资本账户交易两种类型。经常账户交易指的是贸易汇款、贷款利息和投资净收入、偿还贷款或直接投资的折旧以及家庭开支,《缅甸外汇管理法》和《缅甸外汇管理条例》对该类交易没有限制;资本账户交易指所有不属于经常账户交易的其他交易,由缅甸央行对该类交易进行审查。资本、利润和红利的返还属于资本账户交易,因此,其只有在向授权交易银行提交境外债务(如贷款协议)和其他证明文件的基础协议或资本返还(初始投资/股权)的基础协议后才能进行资本、利润和红利的返还。《缅甸投资法》同时规定,在发生严重收支失衡和外部金融困境时,依据《缅甸外汇管理法》和其他国际规范,政府可以采取或维持与投资有关的对境外付款和划转限制。

(五)缅甸暂无单独的国家安全审查和经营者集中申报制度

1. 缅甸暂无单独的国家安全审查

缅甸目前缺少外资并购安全审查的明确机制,但是达到法律要求的(如投资金额较大等)所有外商投资都应当根据《缅甸投资法》获得缅甸投资委员会的许可,缅甸投资委员会在审核相关投资时可能就相关安全问题进行审查。

2. 缅甸暂无单独的经营者集中申报制度

2015 年颁布的《缅甸竞争法》禁止从事限制市场竞争行为，包括通过并购、业务整合、购买和兼并其他企业、设立合资企业或其他缅甸竞争委员会指明的行为等，意图在特定时间内极端提升市场支配地位，或意图降低只有少数企业的相关市场的竞争程度。但由于相关部门以及缅甸竞争委员会尚未明确相关规定的有关细节，目前没有正在实施的经营者集中申报制度。

尽管《缅甸竞争法》及其条例中尚未规定触发经营者集中的认定标准，但其他法规则对电信行业作出了规定。2013 年 7 月，交通运输部出台了专门规范电信行业并购的新竞争规则——《缅甸电信竞争规则》(Competition Rules for the Telecommunications Sector of the Republic of the Union of Myanmar)。《缅甸电信竞争规则》规定了市场“支配地位”的假设：①

(1)电信持牌人在特定电信市场的总收入超过该市场所有持牌人总收入的 50%(事后监管)；和

(2)电信持牌人在特定电信市场的总收入超过该市场所有持牌人总收入的 30%(事前监管)。

《缅甸电信竞争规则》进一步规定，竞争者在交易完成后满足以下一项或多项指标，将被视为不大可能阻碍自由竞争：

(1)市场上最大的三家公司的市场份额合计不到 80%，合并后的实体的市场份额不到 40%；或者

(2)市场上最大的三家公司的市场份额合计为 80% 或更多，而合并后的实体的市场份额低于 30%；或者

(3)合并后的实体不控制超过 1/3 的分配用于提供相关市场中包含的特定服务的无线电频谱。

《缅甸电信竞争规则》规定，缅甸邮电部(Ministry of Transport and

---

① 参见 William Dale Greenlee Jr：The future of M&A in Myanmar，载 International Bar Association 网，https://www.ibanet.org/article/39de8854-7753-4947-abe3-e1d5270578ec。

Communications,PTD)对审查电信行业的反竞争行为和协议拥有专属管辖权,而《缅甸竞争法》规定,尽管有其他现行法律,但与任何条款有关且包含在《缅甸竞争法》中的事项必须按照《缅甸竞争法》本身进行。这两套法律的矛盾性质表明缅甸缺乏对上述内容的明确性或系统性规定。

三、缅甸投资的法律形式和投资流程

(一)缅甸投资的主要法律形式

外国投资者在缅甸进行投资的形式包括直接投资和间接投资两种,其中直接投资包括设立新的法律实体、对现有法律实体进行出资或收购、与其他当地或外国投资者签订商业合作合同等。间接投资主要是通过证券交易所购买有价证券、通过证券投资基金或其他金融机构进行投资。

就直接投资而言,外国投资者可以选择新设独立的外商直接投资法律实体,或通过协议约定由当地实体执行商业合作合同,或通过收购现有企业股权实现商业目的。如果投资者不希望在缅甸新设实体,通常会采用后两种投资形式。而就新设实体而言,常见实体的法律形式主要为海外公司(Overseas Corporation)、公司(Company)。

1. 海外公司

根据《缅甸公司法》第 43 条的规定,无论是否以营利为目的,海外公司或其他法人团体均不得在缅甸联邦共和国开展业务,除非在 DICA 进行适当地注册。[①]《缅甸公司法》第 9 条明确了在缅甸注册海外公司(相当于分支机构或代表处,缅甸公司法不再区分两者的注册形式,以下统称分支机构)的规定。根据规定,分支机构可以独立运作,从事合法的营利活动。分支机构不会被视为独立于其所代表的海外公司的法人实体。因此,其签订的所有合同及由此产生的法律义务和责任,对海外公司均具有约束力和可执行性。

此外,任何打算在缅甸注册分支机构的海外公司都必须任命一名授

① 参见《缅甸公司法》第 43 条。

权人员作为其代表。授权人员必须通常居住在缅甸，即根据所适用法律成为永久居民，或自以下时间起每 12 个月内在缅甸居住至少 183 天。

（1）如果是根据 1914 年《缅甸公司法》注册的分支机构，则自 2017 年《缅甸公司法》生效之日起；或

（2）如果是根据 2017 年《缅甸公司法》注册的分公司，则为分公司的注册日期。

授权人员有权代表海外公司的分支机构在缅甸接受文件送达。他还必须保留申请的副本原件以及与分支机构记录一起保存的所有文件。通常，分支机构应在缅甸有一个注册办公地址，所有通讯和通知均可发送至该地址。该注册办公地址可能与其在缅甸的主要营业地点不同。

2. 公司

根据股东人数，《缅甸公司法》将有限责任公司区分为私人公司和公众公司，私人公司股东人数不超过 50 人（不含公司雇员），公众公司（股份有限公司）则不限制股东人数。

此外，根据外国投资者在公司的持股比例，公司可分为缅甸公司和外国公司（Foreign Company），外国公司是指海外法人或外国自然人（或二者之组合）直接或间接拥有或控制 35% 以上所有者权益的公司。

（1）私人公司（Private Company Limited by Shares）

《缅甸公司法》规定私人公司名称后应加“有限”，私人公司必须至少有 1 名股东，还必须至少有 1 名经常居住在缅甸的董事，该董事可以是缅甸永久居民，也可以是于每 12 个月期间内在缅甸居住至少 183 天的居民。私人公司没有最低注册资本要求，注册时可仅发行 1 份股份。[①]

根据《缅甸投资法》的规定，在允许的行业内，外国投资者可以设立外商独资公司独立经营，《缅甸公司法》并未对外商独资公司最低资本作出特别要求。而对于外国投资者与缅甸自然人、私营公司、国营企业

① 参见 Myanmar Corporate Secretarial Booklet 2023，载 VDBLoi 网，https://media.vdb-loi.com/wp-content/uploads/2023/04/Myanmar-corporate-secretarial-booklet-2023.pdf。

等设立的合资公司，则至少需要2名股东(1名缅甸股东和1名外国投资者)，且外国投资者持股比例不得高于80%。在出资方式方面，《缅甸公司法》对于公司股东出资形式没有限制，现金、设备或技术等都可以作为股东出资方式。缅甸并不禁止外国投资者以二手设备出资，但在向缅甸投资委员会申报投资许可以及设备进口清单时应当列明设备有关情况。

根据《缅甸公司法》规定，所有公司应自公司成立之日起18个月内举行一次作为公司年度股东大会的股东会议，本次会议举行后的每个日历年内应至少举行一次股东会议，且应在最后一次年度股东大会举行后不超过15个月的时间内举行。年度股东大会讨论的内容即使未在会议通知中注明，也应包括下述内容：(1)公司需要编制年度财务报告、董事报告和审计报告的，针对前述报告进行讨论决议；(2)选聘董事；(3)委任审计师的。

(2)公众公司(Public Company Limited by Shares)

公众公司，即公众有限公司。《缅甸公司法》规定其公司名称后应加“公众有限公司”。成立公众有限公司至少需要1个股东，无最低注册资本要求。公众有限公司无须在缅甸上市，但如果要在仰光证券交易所上市，其最低实收资本要求为5亿缅元。[①]

与私人公司不同的是，公众公司至少设立3名董事，其中1名董事须为缅甸境内常住缅甸公民。

公众公司除需要召开股东大会外，还应召开公司法定会议。《缅甸公司法》规定，所有公众公司应自公司成立之日起28日至6个月内召开一次公司成员股东大会，此会议即为法定公司会议。董事应在公司法定会议召开前至少21天，向公司股东分发一份依据《缅甸公司法》相关规定编制的报告。法定报告应由公司至少2名董事，或只有1名董事的公司的该名董事，或接受董事授权代表董事履职的董事主席进行证实，并应表述以下内容：(1)分配的股份总数(应对全部或部分以现金支付的

① 参见Share Capital Requirements，载charltons易周律师行网，https://www.charltonsmyanmar.com/myanmar-capital-requirements。

股份进行分类陈述）、以非现金方式支付的股份的分类陈述、属部分支付的股份（若有）的支付金额，以及全部或部分支付的股份价值；（2）公司收到的有关上述分配并分类陈述的所有股份的现金总额；（3）一份自报告编制之日起截至7日内的某一日的公司收入及付款情况的概述材料，应包括按标题分别列出的股份、债券或其他形式的公司收入、付款、持有的收支相关的明细，以及分别陈述股份发行或出售应付佣金或折扣的公司筹备费用账目或预算；（4）自公司成立之日起的公司董事、审计师和秘书（若有）的姓名、地址、国籍和其他相关信息，以及前述信息的变更信息（若有）；（5）提请会议审批的合同内容、修改议题和修改内容；（6）承销协议（若有）履行情况；（7）董事应付筹款余款（若有）；（8）向董事或管理人员就股份发行或出售支付的或应支付的佣金或回扣的明细。

（二）投资程序

根据缅甸法律，不同的投资形式需要办理不同的许可程序。

1. 新设公司

在缅甸新设公司主要涉及向缅甸投资委员会（Myanmar Investment Commission，MIC）申请投资许可/投资认可及在DICA申请注册。

对于需要申请投资许可的项目，投资者向投资委员会办公室递交申请书后，由投资委员会进行初步形式审查（包括资质和资料完整性审查）。如形式审查未通过，投资委员会办公室将在收到申请的15个工作日内拒绝，并于5个工作日内向投资者发出拒绝通知及拒绝理由。如果没有拒绝申请，视为已被接受。如形式审查通过，则进入实质评估环节，由投资委员会会议审议。具体流程如下：

（1）投资人向投资委员会提出申请，必须填写投资申请书2（Investment Proposal Form 2）。

（2）须提供的资料包括：所有董事身份证复印件（缅甸投资者）或护照复印件（外国投资者）、财务文件（银行对账单）、环境保护计划、社会福利计划、企业社会责任计划、防火计划、废物处理计划（适用于采矿、化学项目等）、在当地购买或带有HS 4位编码之进口机械设备及原材料清单、建筑物规划图（如要建设新建筑物）或现有建筑物之照片、公司或工厂位置图、土地所有权证明或文件、土地租赁合同草案及租赁人的土地所有权证明或文件(若从私人或政府租用之土地)、合资协议草案(若为合资企业)、填写表格7A以获取土地及建筑物之长期租赁权。

(3)土地租赁合同及合资合同草案要一并提交。

(4)参加投资暨公司管理局提案评估小组(Proposal Assessment Team,PAT)会议,进行产业简报及问答。

(5)投资委员会将在15个工作日内发送接受或拒绝信,如申请书被拒绝,投资委员会将向投资者发出拒绝之通知,并说明驳回理由。若申请书不被拒绝,将被视为已接受。

(6)若提案被接受,获取PAT的接受函,如有需要应修改投资申请。此后应提交15份完整申请文件的影本及PDF档(经由DICA审核)。另需准备投资申请的PowerPoint简报(在投资委员会会议召开之前一周提交于DICA)。

(7)参加投资委员会会议并对投资活动进行介绍。

(8)投资委员会将在60个工作日内进行筛选验收,如果批准,将在10个工作日内核发投资许可证。

(9)以下情况,投资委员会可暂停审核评估申请书:委员会需要投资者向其他相关部门申请相关评估和确定;提案需提交予国会部批准。

《缅甸投资实施条例》明确了无须根据《缅甸投资法》申请投资许可的情况:①投资者租用或被授权使用的土地或建筑物期限少于5年;②国有土地或建筑物系投资者从以下人士处分租或被授权使用:依据缅甸法律已从政府处取得国有土地或建筑物使用权的人士,根据政府授予其的权利,对国有土地或建筑物进行转租或转授权的人士。

对于需要进行投资认可申请的,投资认可申请程序与投资许可申请程序类似,但不同之处在于:一是受理机关除了缅甸投资委员会,还包括各邦各区域的投资委员会;二是投资委员会的审议时间为30个工作日。

DICA根据2017年《缅甸公司法》负责本地和外国公司的注册事宜,投资者可以通过"缅甸线上公司注册系统"(Myanmar Companies

Online,MyCO)设立公司。投资者确定了设立企业的类型、名称、在缅甸的注册地址后,应按要求准备注册公司的相关材料。在缅甸注册公司的程序及所需文件与步骤如表6-2所示。①

表6-2　利用MyCO系统申请设立一般公司程序参考

程序阶段	所需文件及步骤	补充说明
1. 新建MyCO账户	(1)填写新建账户表格(申请MyCO账户需列入有效的电子邮件); (2)递交新建账户表格后,申请人邮箱将会收到邮件确认信,点击相关链接以启动公司账户MyCO	新建MyCO账户链接如下:https://www.myco.dica.gov.mm/public/setupaccount.aspx
2. 收集所需资料	(1)新建MyCO账户后,即可在线申请注册公司。 (2)收集资料如下:公司名称(需用英文提供,同时也可提供缅文参考);公司联系方式;每位董事与秘书之身份证复印件(若外国人,需提供护照复印件);股本结构及股东(注册股本结构以及全部股东);公司章程(需提供公司章程副本)	无
3. 完成在线申请	(1)登录MyCO后,选择所设立之公司形式及申请表格; (2)支付注册手续费可利用电子支付方式(credit cards and MPU cards)或在DICA支付现金。 注意:若未支付注册手续费,将无法进行申请	申请表格及注册手续费用: (1)私人公司,Private Company Limed by Shares(Form A-1:150,000缅元); (2)股份公司,Public Company Limited by Shares(From A-2:2,500,000缅元); (3)代表处、分支机构,Overseas Corporation(Form A-8:150,000缅元)Branch & Representative

① 参见Guides for using MyCO,载Directorate of Investment and Company Administration Myanmar Companies Online (MyCO)网,https://www.myco.dica.gov.mm/public/howto/registeracompany。

续表

程序阶段	所需文件及步骤	补充说明
4. 公司注册证书	(1)递交申请后,注册官将审核相关资料; (2)获得批准后,DICA将使用电子邮件发送公司注册证书	无

注:参见 Prescribed Forms and Fees,载 Directorate of Investment and Company Administration Myanmar Companies Online (MyCO)网,https://www.myco.dica.gov.mm/public/prescribedforms.aspx。

在公司注册后,注册处会签发公司成立证书。公司还必须进行商业税收注册,以及在缅甸劳动部注册其雇员信息,并向社会保障委员会注册以获得社会保障福利。

2. 收购现有缅甸公司的股权

外国投资者向缅甸公司出资或购买股份、股权资本,需要评估相关股权收购交易是否涉及限制投资项目、是否导致目标公司外资比例超过35%、受让标的是否涉及50%以上股份。

根据缅甸投资法及缅甸公司法的规定,除需要申请投资许可/投资认可外,如受让标的股份超过50%或使目标公司实际控制权发生变化,需要向缅甸投资委员会申请,并提供以下文件:介绍信(描述具体原因);董事会决议(原件);公司摘录;表格8(股份转让表格);股权转让协议(草案可接受);清税信(必要时包括资本利得税承诺书);授权书(如果投资者不能到场);更新的季度业绩报告副本-表格10(适用于尚未提供的人);《缅甸投资实施条例》第191条、第192条、第193条规定的承诺(即不得从事拟议收购相关投资许可之外的经营活动以及遵守许可规定的条件和《缅甸投资实施条例》第64条相关内容)。

在完成股权收购后,关于股本的事项应当自变更发生之日起21日内完成变更登记;如涉及公司章程、公司类型等变更,公司应当在变更发生之日起28日内办理变更手续。

如涉及电信行业,则还需遵守相关经营者集中申报的规则。

3. 收购现有缅甸公司的资产

根据缅甸法律,不动产(土地和土地收益、在土地上建造或坐落的建筑物和物品以及构筑在这些建筑物上的物品)不得转让给外国人或外国人拥有的公司,也不得由外国人或公司转让。虽然禁令是从向外国国民或外国实体“转让”或由外国国民或外国实体“转让”的角度制定的,但也表明外国人和外国实体几乎不可能成为缅甸土地和建筑物的所有者。此外,缅甸法律还限制外国人的租赁期限,规定外国个人或实体租赁不动产或任何人从外国人或外国实体租赁不动产的最长期限为1年。根据缅甸投资法成立的外国实体,如已获得缅甸投资委员会的许可或认可,则可免于1年的租赁期间限制。因此,外国投资者在缅甸需要新设实体用于收购资产。

根据缅甸法律,取得投资委员会投资许可或投资认可的投资,在其投资期间若发生分租、抵押、股份和资产转让或向任何人转让业务,应通知投资委员会。对于取得投资委员会投资许可或投资认可的公司的股份、资产,或其各自背书的任何直接或间接转让,如果该等转让导致非转让方关联方的实体获得该等股份或业务资产的多数所有权,或获得该等业务50%以上的资产,则须事先获得投资委员会的批准。

4. 执行商业合作合同

根据缅甸投资法,投资范围包括:(1)企业。(2)动产、不动产和相关财产权益、现金、质权、抵押权和留置权、机械、设备、零部件和相关器械。(3)公司的股权、股票和公司债券。(4)依现行法律拥有的知识产权,包括技术诀窍、专利、工业设计和商标;金钱债权和具有经济价值的合同履行义务。(5)收入分成协议和包括总承包(turnkey)在内的合同中生产、管理和建设的权利。(6)依相关法律或合同授权可转让的权利,包括自然资源的勘探、勘查和开采权。因此,外国投资者执行前述范围内的商业合作合同也属于在缅甸进行投资,也需要履行投资许可申请/投资认可申请,该程序与新设实体流程一致。

形式上,外国投资者可以选择在缅甸设立海外公司(代表处或分支机构)在缅甸进行商业活动。根据缅甸公司法,海外公司应当向DICA提交以下材料以在缅甸注册海外公司:(1)按照规定格式申请,申请中应当包括:海外公司的名称;提交申请之日海外公司的董事和秘书的姓名、出生年月、性别、国籍和住址;海外公司应注明已聘用被授权管理人员,并注明该被授权管理人员的姓名、出生年月和住址。上述人员即为海外公司授权在缅甸境内收取相关文件及协议的代表;被授权管理人员同意作为海外公司被授权管理人员的书面同意书;海外公司在缅甸的完整注册地址;海外公司在缅甸境内从事商业活动的地址与注册地址不同的或在多地开展商业活动的,则应提供主要营业地的完整地址;海外公司注册地址或该海外公司在其母国开展商业活动的主要营业地的完整地址;海外公司关于申请材料属实的声明;海外公司成立的证明材料、相关文件和章程复印件一份,上述材料若无缅文版,则须报送由代表法人的 1 名董事确认的英文简要说明和翻译成缅文的相关文件材料。(2)由海外公司或其代表签字。

四、投资路径的考量

(一)独资,抑或合资

在对缅甸进行投资的过程中,公司是外国投资者的主要选择形式。

基于此,投资者需要考虑是选择独资还是与缅甸当地伙伴合资设立公司。实践中,可以结合以下因素,考虑是否需选择与缅甸本土合作伙伴进行合资,设立合资公司:

1. 是否有土地等不动产需求。在房产、酒店等投资领域,土地使用权往往源于缅甸本地投资者。因此,在项目启动初期以合资形式开展,缅甸投资者可以提供土地使用权。

2. 是否存在外商投资限制项目。对于限制类投资项目,外国投资者必须选择与缅甸投资者合资设立公司,且该类合资公司中外国投资者持股比例不得高于 80%。

3. 是否属于敏感行业。在许多敏感行业,只有通过缅甸政府的特许经营权或与缅甸政府的合资企业才有可能进行投资,这反映了政府和政府机构在缅甸经济中的作用。如保险业,2019 年 1 月 2 日,缅甸计划和财政部(Ministry of Planning and Finance, MOPF)发布第 1/2019 号公告,表示将放宽该部门的外国投资限制。

(二)股权收购,抑或资产收购

外国投资者需要结合自身情况综合考虑目标公司所处国家的法律

情况、目标公司的负债情况、业务、经济效益等选择股权收购抑或是资产收购。其中,行业特征、目标公司的业务资质、历史债务、税收等情况都对选择投资方式有重要影响。

1. 股权收购

在股权交易中,受让方不可避免地继承目标公司的原有债务负担,包括税务负担、金融债务等。需要注意的是,如果受让标的50%以上股份或使得目标公司实际控制权发生变化,该股权交易也需要经过投资委员会的批准。

在股权交易中,目标公司的税务负担和债务状况的尽职调查是必不可少的,因此建议收购方聘请专业的中介服务机构开展税务尽职调查,并聘请税务律师起草专业的税务补偿条款和陈述保证条款,以维护自身利益。

缅甸法律对股权收购交易的转让方会征收资本利得税和印花税。

资本利得税。在缅甸,通过销售、交换及转让资产所获得的收益,在扣除资产减值、购买成本、为延长资产使用寿命已产生的资本性支出以及为购买、出售、交换或转让该等资产所产生的费用等项目后,应以残值计算缴纳资本利得税(Capital Gain Tax)。资产不仅包含土地、房屋、车辆,也包括股票、债券及契约等。除在缅甸石油和天然气上游领域投资经营的公司适用40% ~50%资本利得税率外,其他纳税人以10%税率计算并缴纳资本利得税。如果被出售、交换或转让的资本的处置价格不超过1000万缅币,则无须缴纳资本利得税。

印花税。依据《缅甸印花税法》(Myanmar Stamp Act),缅甸政府对不同类型的、需要加盖印花的契约文书征收印花税。对于应纳税的并以外币计价的合约,应将合约价值按缅甸中央银行发布的当日汇率转换为缅币之后计税。印花税的税率取决于契约文书的种类(详情参照印花税税率表①),转让股权为股权价值的0.1%。

---

① 参见 Myanmar Stamp Act, Schedule I Stamp – duty on Instruments,载 Internal Revenue Department 网,https://www.ird.gov.mm/sites/default/files/Myanmar%20Stamp%20Act(Eng).pdf。

如果投资者倾向于选择股权交易,需要考虑的主要因素包括:

(1)外国投资者是否希望承继目标公司的资质、许可证,如重工业、制造业、医药业、物流业等需要相应资质的行业;

(2)目标公司是否享有税收优惠、税务亏损、退税政策;

(3)目标公司的历史负债(包括金融机构贷款、税务负担)是否在投资者可接受范围内。

2. 资产收购

如果投资标的可能存在潜在的负债等问题,那么在交易方式上选择资产收购更为妥当。资产收购可以规避潜在的历史负债。且缅甸法律没有关于将资产或负债排除在各方交易之外的具体限制,这通常是各方在安排交易时商定的事项①。

如前所述,在资产交易中涉及的税负种类主要包括资本利得税、印花税。根据缅甸法律,资产转让、出售或转让不动产的印花税为对价金额或价值的2%。位于内比都、仰光和曼德勒的不动产需按房产市场价值额外缴纳2%的印花税。目前缅甸没有对转让定价出台正式规范。②

对于投资者而言,以下因素可能使投资者倾向于选择资产交易的投资路径:

(1)目标公司的历史负债(包括金融机构贷款、税务负担)超出了投资者可接受范围;

(2)外国投资者收购的资产所处行业并非特殊行业或附条件行业;

(3)目标公司本身不具备开展业务所需的相应资质或相应资质再申请比较容易。

虽有上述参考因素,但是需要指出的是,在作出决策前,投资者应当结合收购项目的实际情况综合考虑。

---

① 参见 Mori Hamada & Matsumoto:M&A structures and regulation in Myanmar,载 Lexology 网,https://www.lexology.com/library/detail.aspx?g=3e33edcd-36a2-4012-a31f-5f343037bf13。

② 参见 Myanmar Corporate-Other taxes,载 PwC 网,https://taxsummaries.pwc.com/myanmar/corporate/other-taxes。

五、中国企业赴缅甸投资的法律建议

虽然2023年1月至2024年3月缅甸的外国投资规模超过6.61亿美元,但在缅甸仍处于紧急状态且美国、欧盟、英国等国家或地区对缅甸的个人或实体进行制裁的情况下,在缅甸开展投资存在一定的风险。如政治环境不稳定、法律体系不完善、缺少公平的法律投资环境,这些都加剧了外国投资者受到侵害的风险。因此,中国企业如选择前往缅甸投资,在作出相应投资决策前应予以充分考虑和权衡,避免因仓促决策而遭受大额损失。如果最终决定前往缅甸投资,应注意采取必要的风险防范措施。具体建议如下:

(一)熟悉缅甸法律法规

1. 了解缅甸的市场准入规则及其产业负面清单。如果拟投资项目属于缅甸负面清单中的产业,应当及时终止投资。

2. 发现潜在的投资壁垒。如缅甸在投资项目涉及的特定领域对外资的股比进行限制,则会影响中国投资者投资目标的实现。

3. 了解缅甸的劳动政策。缅甸法律规定在投资项目中可以委派外国人担任资深经理、技术及运营专家及顾问。

(二)加强尽职调查

中国企业如拟与缅甸公司在缅甸设立合资公司,在与缅甸公司正式签署合作文件之前,建议对其展开尽职调查,以确认其是否具有合作实力、是否与其描述情况相符、是否被列入制裁名单,尤其是合作伙伴是否具有其所宣传的资源、许可证、资产等,是否可以投入到新设合资公司中。在确认合作伙伴后,中国企业可通过聘请专业律师与其签署正式的合作文件,包括可能的合资协议、股东协议等文件。

中国企业如采取收购方式在缅甸投资,建议对目标公司展开尽职调查,以确认目标公司资产情况、公司债权债务、公司经营情况、财务数据、税务状况、法律纠纷情况以及是否被列入制裁名单。在确认目标公司后,中国企业可通过聘请专业律师与其签署正式的合作文件,包括可能的收购协议、股东协议等。

（三）设置灵活的退出机制

中国投资者可以在遵守缅甸法律的前提下，在交易文件中约定其有权逐步出售部分或全部股权给第三方，包括随售权、拖售权、回购权、优先清算权，分情况分阶段逐步撤出东道国投资。合理设置退出机制有利于帮助企业减少时间因素带来的投资成本增加，将风险有效转移。

此外，中国投资者也可以考虑设立特殊目的载体（Special Purpose Vehicle，SPV）来投资缅甸业务，即通过转让SPV灵活退出缅甸业务，避免在缅甸直接转让股权面临的监管要求。而且，外国投资者可以通过设立SPV隔离母公司对缅甸业务的直接责任。在选择设立SPV地点时，通常考虑的因素主要包括未来海外业务的战略安排、税收减免政策、融资安排、企业架构层级以及成本等，并需要结合中国企业的实际情况加以确定。享受税收减免和降低成本是外国投资者采取SPV的一个重要考虑因素。

（四）购买保险以降低风险

投资者如果选择股权收购或资产收购等方式，也可以考虑购买并购保证保险，以就尽职调查中未发现的风险予以承保，转让方违反陈述保证条款时，受让方可以直接要求保险公司予以理赔，从而保障投资者利益。但是并购保证保险给予充分承保的前提是企业对标的公司开展了较为优质的尽职调查，这也就要求投资者应在完成投资前做好尽职调查工作。

缅甸的政治环境不稳定，还存在征收和国有化的情况。中国企业可以通过购买海外保险降低风险。可供选择的海外保险主要包括两种：一种是中国专门承办跨国投资政治风险的保险机构即中国出口信用保险公司承保的海外投资保险业务，主要针对中国投资者在海外投资时面临的政治风险，险别包括征收险、汇兑险、战乱险以及政府违约险；另一种是多边投资担保机构（Multilateral Investment Guarantee Agency，MIGA）承保的海外投资，该机构在《多边投资担保机构公约》（Convention Establishing the Multilateral Investment Guarantee Agency）下设立，系世界银行集团的一员。

（五）聘请专业的法律团队

鉴于中国投资者到缅甸投资受到多方面的限制，建议中国企业尽早聘请专业的法律团队为企业提供咨询辅导等专业服务。通过开展尽职调查、起草交易文件或公司设立文件，及时预判风险、预防风险，降低中国企业在缅甸投资的风险，为中国企业在缅甸投资提供专业的法律服务。

第七章　东盟十国投资之泰国篇

近年来,对待外商投资的鼓励政策、与周边国家广泛的国际合作以及《区域全面经济伙伴关系协定》(Regional Comprehensive Economic Partnership,RCEP)的推进使泰国受到海外投资者的青睐。本章首先回顾了泰国对外商投资的支持政策和投资优势,同时梳理了泰国对于外商投资者仍存在的一些限制性规定,包括外国人持股比例、投资行业领域等。随后介绍了外国投资者在泰国投资时采取的主要法律形式,包括代表处、分公司、有限责任公司和合伙企业,并就外国投资者在泰国的主要投资路径,如新设实体、股权收购、资产收购等所涉及的政府审批程序作了简要说明。在此基础上,提示外国投资者应当结合商业需求和税收、行政审批等因素,妥善选择投资路径。同时提示外国投资者,在投资过程中,需要加强对当地法律规定的了解,采取尽职调查、购买海外保险等方式把控投资风险,提高投资收益。

一、泰国投资的优势

泰国历来注重吸引外商投资,是东南亚地区较为吸引外商投资的国家之一。根据泰国《曼谷邮报》2 月 7 日报道,2023 年泰国投资促进委员会(Board of Investment,BOI)收到的申请飙升至 8480 亿泰铢,同比增长 43%,为 5 年来新高,其中外国直接投资(Foreign Direct Investment,FDI)的投资额达 6630 亿泰铢,同比增长 72%。泰国投资委员会(BOI)提出五个优先领域的大量外国投资:生物—循环—绿色产业、电动汽车、智能电子、数字和创意,投资额达 4920 亿泰铢,占投资申请总额的 58%。2023 年外国投资者共提交 1394 份投资申请,同比增长 38%;由于其中大项目较多，投资总额增长72%，达到6630亿泰铢。[①] 相对稳定的社会环境、较高的政策透明度和经济发展水平，以及对外商的友好态度和支持政策，使泰国吸引了越来越多的投资者。

从国内政策来看，泰国投资促进委员会作为泰国主要的投资促进机构，积极推动外商投资。《泰国投资促进法》对外商投资给予激励政策，包括给予进口关税减免、免除一定年限的企业所得税、对电费等应税收入进行扣减等，特别是在生物、医药领域和电子创新工业等领域可享受最高13年的企业所得税减免政策。同时，泰国投资促进委员会在其发布的五年投资促进策略（2023～2027年）中设定了生物循环绿色产业、基础产业与配套产业、先进制造产业和数字创意产业及高附加值服务业的基本优惠权益，并且提出了额外的投资优惠权益，包括为提高竞争力而给予的投资优惠权益、区域性的投资优惠权益以及基于发展议程的投资优惠权益。具体措施包括豁免企业在一定年限内的企业所得税、机械进口税，以及增加免征企业所得税期限等。

从对外合作角度看，泰国与其他国家广泛建立了贸易关系，目前泰国与逾60个国家和地区签订了双边免税协定，与东盟、日本、中国、韩国、印度、澳大利亚、新西兰、秘鲁、智利等19个贸易伙伴签署了15份自贸协定，基本涵盖了泰国主要的贸易伙伴。同时，泰国与多个国家和地区签署了双边投资协定，包括阿根廷、巴林、孟加拉国、比利时－卢森堡经济联盟、保加利亚、柬埔寨、加拿大、中国内地及香港特别行政区、克罗地亚、捷克共和国、埃及、芬兰、德国、匈牙利、印度尼西亚、以色列、约旦、朝鲜、韩国、老挝、缅甸、荷兰、秘鲁、菲律宾、波兰、罗马尼亚、俄罗斯联邦（已签署但未生效）、斯洛文尼亚、斯里兰卡、瑞典、瑞士、塔吉克斯坦（已签署但未生效）、土耳其、阿拉伯联合酋长国、英国、越南和津巴布韦（已签署但未生效）等国家和地区。而根据泰国国际贸易谈判厅制定的工作计划，泰国将在2024年加快与欧洲自由贸易联盟有关自由贸易协定

① 参见《2023年泰国投资促进委员会收到投资项目申请达8480亿泰铢》，载中国国际贸易促进委员会网，https://www.ccpit.org/thailand/a/20240308/20240308cfpx.html。

的谈判，并推动《东盟—澳大利亚—新西兰自由贸易协定》（ASEAN-Australia-New Zealand Free Trade Area，AANZFTA）升级议定书的签订。泰国与中国之间也达成了一系列经贸合作协议，如《关于成立中泰经济联合合作委员会协定》《中华人民共和国政府和泰王国政府关于成立贸易、投资和经济合作联合委员会的协定》。同时，中国与泰国在农产品、农副产品领域签订了关于检验检疫、进出口贸易的合作协议。

特别值得一提的是，2022 年生效的 RCEP 进一步刺激了泰国的外商直接投资，维持了泰国对外资的吸引优势。首先，RCEP 中的非关税措施促进各国进一步降低关税，预计 RCEP 项下，泰国总共有 39, 366 种商品能够享受关税减免，其中 29, 891 种商品将在第一阶段享受零关税，其余商品的关税则在 10 年至 20 年内逐步降至零，降低了区域内企业的交易成本。[①] 其次，RCEP 促进了中国与泰国之间提高进出口产品的通关效率，并进一步降低贸易壁垒，为中国与泰国在包括农副产品等领域的进出口贸易提供了更多便捷。最后，RCEP 对于各国降低外商投资限制、减少贸易壁垒的要求促进泰国对外国投资者进一步放开部分投资领域，为更多中小企业融入区域供应链创造更多机会，并降低企业的贸易和交易成本。[②]

二、外国投资者在泰国投资的限制

（一）行业准入与外商审查

目前，泰国仍然遵循着 1999 年《泰国外商经营法》对于外国人投资泰国行业及持股比例的限制，该法在外国人参与投资项目的行业范围、外资持股比例、具体投资要求等方面存在较多限制。根据《泰国外商经营法》，限制外国人参与的项目主要被分为三类，包括：禁止外国人投资的行业领域；对国家安全和国防安全、艺术、文化、传统、习俗、本土手工业、自然资源及环境保护可能产生影响的行业领域；泰国国民尚不具备

① 参见《RCEP 泰给力，自贸红利更可期》，载中国自由贸易区服务网，http://fta.mofcom. gov. cn/article/fzdongtai/202112/46422_1. html。

② 参见《RCEP 对增强区域发展韧性至关重要——访泰国商业部贸易谈判司司长奥拉蒙》，载新华社网，http://www. gov. cn/xinwen/2022-04/16/content_5685516. htm。

与外国人展开竞争能力的行业领域。分别记载于三个附录清单中。①

需要注意的是，泰国对于“外商投资”的定义较为宽泛。根据《泰国外商经营法》，符合以下条件的均属于“外国人”，需要遵守《泰国外商经营法》对于投资范围的相关限制：(1)非泰国国籍的自然人；(2)未在泰国注册的法人；(3)在泰国注册的法人，但一半以上的股份/股权由非泰国国籍的自然人或未在泰国注册的法人持有，或非泰国国籍的自然人或未在泰国注册的法人在法人中的投资额至少为法人资本总额的一半，或管理合伙人或经理为非泰国国籍自然人的有限合伙或普通合伙企业；(4)在泰国注册的法人，但一半以上的股份/股权由(1)～(3)所述的自然人或法人持有，或(1)～(3)所述的自然人或法人投资一半以上的总资本。②

1. 附录清单Ⅰ

附录清单Ⅰ主要规定了由于特殊原因而禁止外国人投资经营的项目领域，这些领域主要是农林畜牧业，具体包括：稻米种植、种植园或作物种植；畜牧业；天然林的林业和木材加工；渔业（仅限于泰国领海和泰国特定经济区的渔业）；提取泰国草药。此外，结合泰国当地风土人情和社会习俗，新闻业、广播电台或广播电视业务，泰国古董或具有历史价值的物品的贸易和拍卖，制作或铸造佛像和钵，以及土地交易领域的投资也禁止外国人投资经营。

2. 附录清单Ⅱ

(1)附录清单Ⅱ包含三组行业范围，主要规定了对于国家安全和国防安全，艺术、文化、传统、习俗、本土手工业、自然资源及环境可能产生影响的行业领域。针对这些行业，仅在同时满足如下条件时，外国人在投资附录Ⅱ所列的行业领域可以持有控制性股权：①获得商务部部长根据内阁的决定所作出的批准；②泰国人或其他非外国法人所持的股份不得少于该外国法人公司资本的40%；③泰国人应占董事席位的2/5

① 参见《泰国外商经营法》第8条。

② 参见《泰国外商经营法》第4条。

以上。

(2)第1组:涉及国家安全或国防安全的业务。包括:制造、分销、维修或保养枪支、弹药、火药和爆炸物;枪支、弹药和爆炸材料的组件;军备、船舶、飞机或军用车辆;或任何类型的战争装备或部件,以及国内陆路运输、水路运输或航空运输(包括国内航空)。

(3)第2组:可能对艺术、文化、传统、习俗和本土手工业产生影响的业务。包括:交易泰国艺术品或手工艺品;木雕;养蚕、泰国丝绸制造、泰国丝绸编织或泰国丝绸印刷;泰国乐器制造;金器、银器、乌银镶嵌器、青铜器或漆器的制造;生产具有泰国艺术和文化的碗或陶器。

(4)第3组:可能对自然资源或环境产生影响的业务。包括:以甘蔗制糖;盐业(包括岩盐业);生产岩盐;采矿(包括采石或破碎);用于制造家具和公用设施的木材加工。

3. 附录清单Ⅲ

附录清单Ⅲ主要结合泰国经济发展实际,对于部分泰国国民尚未具备与外国人展开竞争能力的行业领域进行限制。附录清单Ⅲ所涵盖的行业广泛,包括农林副业、服务业、建筑业等。除非获得商业注册厅厅长根据外国人经商营业委员会、泰国投资促进委员会或泰国工业区管理局所作出的批准,否则外国人在投资这些行业领域时不能持有控制性股权。附录清单Ⅲ主要包括:

(1)农林渔牧业:碾米和用大米及经济作物碾制和生产面粉;渔业(仅限于水生生物的繁殖和饲养);已成熟森林的林业。

(2)工业:胶合板、单板、刨花板或硬纸板的生产;石灰的生产;建筑服务;工程服务。

(3)服务及零售业:会计服务;法律服务;代理或经纪服务(以下代理或经纪除外:与农产品期货或金融工具或证券相关的经纪或代理;作为经纪人或代理人销售、购买或采购在关联企业之间生产或提供服务所需的商品或服务;在国内外市场上销售或购买、采购、分销或收购泰国制造或从海外进口的不低于1亿泰铢的国际贸易类别的产品);拍卖;广告;酒店经营(不包括酒店管理);各类商品的零售和批发;食品和饮料的销售;旅游等。

针对附录所述限制投资的领域,外国投资者在开始经营业务前,还需要向商务部申请外国经营者许可证(Foreigner Business License,FBL)以获得这些领域内投资项目的多数股权。根据《泰国外商经营法》第16条的规定,申请外国经营者许可证需要符合以下条件:(1)年龄不少于20岁;(2)在泰国有住所或根据泰国移民法被允许暂时进入泰国;(3)具有开展相应业务的能力;(4)未破产;(5)未因违反《泰国外商经营法》或第281号国家执行委员会通知(1972年11月24日)而受到法院判决的处罚或被勒令支付罚款,除非在其申请外国经营者许可证前相关处罚已完结至少5年;(6)未因欺诈罪、欺骗债权人、挪用公款罪或《泰国刑法典》(Thailand Penal Code)规定的贸易有关的罪名或移民法规定的向公众欺诈贷款有关的罪名而被法院判决监禁,除非在其申请外国经营者许可证前相关处罚已完结至少5年;(7)在申请外国经营者许可证前5年内没有依据《泰国外商经营法》或第281号国家执行委员会通知(1972年11月24日)而被吊销FBL。

(二)泰国的国家安全审查制度及贸易制裁

泰国并没有专门针对外商投资的国家安全审查制度或相应的法律规定,对于外商投资相对较为友好。外国人在泰国进行投资时,只要不违反《泰国外商经营法》有关禁止或限制投资的规定,并取得商务部相应的批准即可开展外商投资。

根据《泰国外商经营法》第5条的规定,在向外国人授予经营许可时,应考虑对国家安全和国防安全,国家经济和社会发展,公序良俗,具有民族价值的艺术、文化、传统和习俗,自然资源保护,能源,环境保护,消费者保护,经营规模,就业,技术转让和研发的有利和不利影响。

尽管泰国没有针对外商投资的国家安全审查制度,但是泰国具有一整套贸易制裁措施,如外贸部(Department of Foreign Trade,DFT)可能会宣布禁止就某些特定产品与朝鲜、伊朗等国家和地区进行贸易,泰国中央银行(Bank of Thailand,BOT)也会出台一些货币制裁手段。因此,外国投资者仍需及时关注相关贸易制裁手段可能给投资项目开展带来的负面影响。

(三)土地使用权方面对外国投资者的限制

外国人在泰国使用土地需要符合《土地法》(Land Code Promulgating Act)、《工商业不动产租赁法》(the Lease of Immovable Property for Commercial or Industrial Purposes Act)等法律法规的规定。总的来说,外国人以及外国人控股的实体在泰国拥有土地所有权均受到严格限制,原则上外国人不能拥有泰国土地。

但是对于在泰国投资并且对泰国经济有着积极促进作用的外国企业,《泰国投资促进法》等特别法律为外国投资者获取土地提供了有限制的豁免和许可。比如,根据《泰国投资促进法》的规定,如果取得泰国投资促进委员会的投资优惠证书,外国投资者可获得与经营活动相匹配的土地,但只能用于开展享受优惠的经营活动,且该等外国投资者必须在停止投资活动或转让投资项目后1年内出售该等土地。与之类似,根据《泰国工业园管理法》的规定,在获得泰国工业园管理委员会(Industrial Estate Authority of Thailand,IEAT)批准的情况下,外籍工业项目运营者可以在工业园区内获得土地用于开展经批准的经营活动。但是该等外国投资者应当在相关工业活动停止或项目转让后3年内,将相关土地退还给泰国工业园管理局或转让给其他受让者。因此,投资者在泰国开展业务时可以有条件地为业务开展之目的获得部分土地,但是需要在项目终止时,按照法律规定对这类土地进行妥善处置。实践中,外国投资者为取得投资促进委员会或工业园管理委员会对其持有土地的批准,往往还需要承诺完成某些投资后的要求,如最低资本要求、技术转让计划等。

除了直接持有土地外,外国投资者还可以考虑通过租赁的方式获得土地使用权。泰国对于租赁土地及土地建筑物没有限制性规定,但是泰国法律规定普通用途的土地租赁期限不能超过30年,期满后,出租人会授予承租人续签合同的选择权。对于商业和工业用途的土地,租赁期限最长可以达到50年;而对于小型的零售空间、办公空间,最常见的租赁期限为3年。对于外国投资者而言,在使用租赁的土地时,应当尽早做好项目规划，对于大型项目，应当尽量争取泰国投资促进委员会等部门对于持有土地的许可，以便于后期项目开展，对于小型项目，应当注意土地租期的及时更新。此外，根据泰国法律规定，如果任何不动产的租赁期限达到3年以上，则应当前往土地管理部门进行登记。没有登记的租约，其强制有效性仅有3年。因此，外国投资者如通过租赁的方式获得土地使用权，应当及时完成土地登记以保障自身权益。

（四）外汇方面的注意事项

泰国财政部（Ministry of Finance，MOF）授权泰国中央银行（Bank of Thailand，BOT）对外汇买卖和兑换履行监管职责，外汇交易可以经由商业银行或其他授权机构进行，但通常都会受到监管，超过一定金额的外汇交易需要获得泰国中央银行的许可。但是近年来泰国政府不断降低外汇监管力度，对于泰铢的跨境汇款和支付限制已经放松，外汇套期交易的要求也逐步放宽，预期未来将进一步放松在外汇储蓄账户等领域的管制。

泰国外商投资的外汇政策相对友好，外币汇入泰国时，经授权的商业银行应向泰国中央银行进行相应的申报备案，说明资金汇入的用途。而在资金汇出方面，投资基金、分红和利润以及贷款的偿还和支付利息，在所有适用税务清算之后，可以自由汇出。但如果汇出的目的受到外汇管制规则的限制，汇款人必须提交证明文件，事先获得泰国中央银行的批准，相关“负面清单”规定于泰国中央银行的通知文件中（the Notification of the Bank of Thailand Re：The Currency Exchange Officer Re：Requirements and Procedures on Currency Exchange）。

此外，泰国反洗钱法对于超过一定价值的可疑交易予以特别监管。通常而言，超过200万泰铢的现金交易、以电子方式进行的超过70万泰铢的交易等数额较大的交易需要向反洗钱办公室就交易的形式、目的等信息进行披露和说明。

（五）征收方面的注意事项

泰国法律为一些（但并非所有）投资者提供了免于无偿征收和不歧视的保障。泰国宪法规定，保护投资者不被无偿征收，并要求政府在为了公共事业、国防、获取国家资源或其他公共利益而需要征收时，必须依据具体的、有针对性的征收法。[①]

泰国政府在2019年修订了《泰国不动产征收法》，该法适用于所有不动产所有权人，无论其是外国人还是泰国人。该法明确了征收的框架和程序，规定了对土地所有者、承租人和其他可能受到征收影响的人进行补偿的详细措施，并赋予其向泰国法院上诉的权利。但是，值得注意的是，《泰国不动产征收法》和《泰国投资促进法》并不适用于间接征收，也不区分可补偿和不可补偿的间接征收形式。

根据中国与泰国签署的《中华人民共和国政府和泰王国政府关于促进和保护投资的协定》第5条的规定："缔约任何一方只有为了公共利益并给予补偿，方可对缔约另一方国民或公司在其领土内的投资采取征收、国有化或其他类似措施。补偿应相当于被征收投资的适当价值，应能有效地兑现，不得无故迟延并应根据第六条第二款的规定自由转移"。因此，结合我国与泰国缔结的双边协定，如果泰国政府对我国投资者在泰国的资产进行征收，泰国政府有义务提供适当补偿。值得注意的是，适当补偿并非充分补偿。

三、泰国投资的法律形式和投资流程

（一）泰国投资的主要法律形式

外国投资者在泰国进行投资的形式包括直接投资和间接投资两种，其中直接投资包括设立新的法人实体、对现有法人实体进行出资或收购等。间接投资主要是通过证券交易所购买有价证券、通过证券投资基金或其他金融机构进行投资。

就直接投资而言，外国投资者可以选择新设独立的外商直接投资法律实体，或通过收购现有企业股权或资产实现商业目的。如果投资者不希望在泰国新设实体，通常会采用股权或资产收购的投资形式。而就新设实体而言，相较于东盟其他国家，泰国的商业实体形式相对较为简单。

---

① 参见2023 Investment Climate Statements-Thailand，载U.S. Department of State网，https://www.state.gov/reports/2023-investment-climate-statements/thailand/。

外国投资者可以根据投资需求和商业需要，选择设立包括代表处、区域办事处、分公司、有限责任公司和合伙企业等形式，符合条件的企业也可以申请成为国际商务中心等特殊形式以享受更多的税收优惠政策。

1. 代表处(Representative Office)或区域办事处(Regional Office)

代表处是外国公司在泰国设立的当地机构，仅需向泰国商务部递交申请表格，无须申请外国经营者许可证，但是代表处的活动范围非常有限，只能从母公司获得开展运营活动的全部资金，不能在泰国境内从事任何营利活动或开展业务，也不能从任何活动中获得收入。代表处仅能参与有限的活动并向国外的总部提供非收入性服务，如检查和控制总部在泰国购买的商品的质量和数量、宣传总部的产品和服务、向总部报告当地业务发展和活动情况、为总部提供建议等。代表处的最低注册资本不得少于200万泰铢，且应当在注册后3年内缴纳完毕。

与代表处类似，区域办事处主要是为了协调和监管母公司及其分支机构、关联公司的业务开展情况，并为其提供财务、技术、产品研发等方面的支持。区域办事处不能开展任何实际产生收益的活动，只能从母公司获得运营活动所需的全部资金。但是泰国法律并不要求区域办事处注册或设立为法人，因此无须提交财务报告。在泰国设立区域办事处的外国公司必须申请外国经营者许可证，区域办事处可以从事的活动包括：代表总部与该地区的分支机构和关联公司进行沟通、协调和指导运营；财务管理；市场控制和销售促进规划；产品开发；提供咨询和管理服务；研究和开发服务；培训和人员发展。[①]

2. 分公司(Branch Office)

分公司属于外国公司在泰国设立的分支机构，没有股东、董事，在泰国境内开展业务前，需要先申请外国经营者许可证，但从事生产或出口泰国产品的分支机构除外。分公司可以签订合同、提出销售要约、与其他交易对手进行谈判并达成业务安排，从商业活动中获得收益。但是分

① 参见 Foreign business structures in Thailand，载 Acclime 网，https://thailand.acclime.com/guides/foreign-business-structures/。

公司并不具有独立的法人地位,往往被视为与母公司同属同一法人实体,因此在开展日常业务的过程中,通常需要获得母公司的批准,其财务信息也需要与母公司一并披露。在实践中,银行业和服务业更常使用分公司的形式在泰国开展业务。

3. 有限责任公司(Limited Company)

泰国的有限责任公司可分为私人有限责任公司和公众有限责任公司。有限责任公司被视为单独的实体,股东仅需对公司债务承担有限责任。

(1)私人有限责任公司(Private Limited Company)

私人有限责任公司能够从事泰国大多数行业领域的业务,因此是外国投资者在泰国投资时最常选择的企业形式。私人有限责任公司未明确最低注册资本,但根据泰国法律,私人有限责任公司每股面值不得低于 5 泰铢且需要由 3 名以上的股东组成,股东对于公司的债务承担有限责任。但是在公司设立时,所有股份必须均被认购,且 25% 以上的股份的注册资本已经缴清。

私人有限责任公司注册时需要提供组织备忘录(Memorandum of Association,MOA)和公司章程,由董事会根据公司章程对私人有限责任公司进行管理。私人有限责任公司的董事数量与国籍无限制,可为泰籍或外籍人士,但外籍人士须持有工作许可证。

对于外国投资者而言,如果没有获得外国经营者许可证或泰国投资促进委员会的许可,通常只能持有私人有限责任公司 49% 的股权。尽管有持股比例的限制,但是针对一些特别领域,比如专门生产出口产品的出口型的私人有限责任公司,可以直接由外国投资者 100% 控股,而无须获得 FBL。

(2)公众有限责任公司(Public Limited Company)

公众有限责任公司未明确最低注册资本,但根据泰国法律,需足额缴纳股本。公众有限责任公司的发起人至少在 15 人以上,无国籍限制,但半数以上的发起人须在泰国有住所,所有发起人必须认购股份,金额不得低于注册资本的 5% 。发起人必须持有其股份至少 2 年才能转让。

公众有限责任公司的董事会必须至少有5名成员，其中一半以上需要为泰国公民。公众有限责任公司可以向公众公开发行其股份，也可以向公众发行债券或其他形式的证券，公司的证券可以在泰国证券交易所上市，但是其最低注册资本为930万美元。

4. 合伙企业(Partnerships)

泰国的合伙企业可分为普通合伙企业和有限合伙企业。

(1)普通合伙企业(Ordinary Partnerships)

根据《泰国民商法典》(Civil and Commercial Code of Thailand, TCCC)的规定，普通合伙企业应当至少由2个合伙人组成，每个合伙人都必须为合伙企业出资，出资的方式多样，包括现金、财产和服务等，合伙人对合伙企业的所有债务共同承担无限责任。普通合伙企业应当设置管理合伙人，在所有其他合伙人同意的情况下，可以罢免管理合伙人。

普通合伙企业可以注册成为法人，并作为公司法人实体被征税，而没有注册成为法人的普通合伙企业，则会出于税收目的被视为个人。特别需要注意的是，如果普通合伙企业没有完成注册，则普通合伙企业的合伙人在退伙后的2年内，仍需要对普通合伙企业的债务承担连带责任。

(2)有限合伙企业(Limited Partnerships)

有限合伙企业由无限责任合伙人和有限责任合伙人两类合伙人组成，其中有限责任合伙人对有限合伙企业承担的责任仅限于其对合伙企业的出资，而无限责任合伙人需对有限合伙企业的债务承担无限连带责任。有限责任合伙人的出资仅限于现金或其他财产，不能以劳务、提供管理服务等方式出资，且不得担任管理合伙人。有限合伙企业必须于泰国商务部(Ministry of Commerce)完成注册，在注册之前被视为普通合伙企业。

泰国对于外国投资者设立有限合伙企业存在一定限制。一方面，外国人只有在取得有效的非移民商务签证和工作许可后，才能担任管理合伙人；另一方面，在未取得FBL的情况下，有限合伙企业中外国人所持有的股权份额不得超过49%。

5. 国际商务中心(International Business Center,IBC)

国际商务中心是泰国政府于2018年公布的新的商业形式,取代了以往国际总部(International Headquarters,IHQ)、区域运营总部(Regional Operating Headquarters,ROH)和国际贸易中心(International Trade Centre,ITC)制度。国际商务中心主要是为了配合泰国加入经合组织后关于税基侵蚀和利润转移包容性框架(Base Erosion and Profit Shifting,BEPS)的要求,降低跨国企业的税收负担,为跨国企业带来更多财政和非财政收益。对于外资控股企业而言,如果被认证成为国际商务中心,将更便于其获得FBL,进而从事《泰国外商经营法》项下受限制的业务。

申请成为国际商务中心的企业可以为其关联企业提供管理服务、技术支持、财务顾问服务等支持性服务,但是需要全额缴付至少1000万泰铢的注册资本,并雇用至少10名熟练且掌握一定专业技能的员工。如果国际商务中心仅计划为关联企业提供财务服务,则雇用人员的数量要求可下降为5人。①

(二)投资程序

根据泰国法律,不同的投资形式需要办理不同的许可程序。

1. 新设公司

在泰国新设公司需要完成申请保留公司名称、缴纳注册资本以及向有关部门提交公司注册申请等阶段。在申请阶段需要选任年满12周岁,且可以代表公司签署注册申请阶段法律文书的自然人担任发起人(Promoter),负责完成设立申请事项。发起人可以在公司设立完成后成为公司的股东,对于私人有限责任公司而言,至少需要有3位发起人。②

---

① 参见《投资促进项目申请指南》,载 Thailand Board of Investment 网,https://www.boi.go.th/upload/content/BOI_A_Guide_CH.pdf。

② 参见 Registering a Business,载 Thailand Board of Investment 网,https://osos.boi.go.th/EN/how-to/135/%E0%B8%81%E0%B8%B2%E0%B8%A3%E0%B8%88%E0%B8%B1%E0%B8%94%E0%B8%95%E0%B8%B1%E0%B9%89%E0%B8%87%E0%B8%98%E0%B8%B8%E0%B8%A3%E0%B8%81%E0%B8%B4%E0%B8%88/#paneltab1。

(1)申请保留公司名称

在泰国申请注册公司前,需要向泰国商务部发展厅(Department of Business Development,DBD)就公司名称进行确认,并申请保留拟注册的公司名称。发起人应当保证拟注册的公司名称不会与其他已有的公司名称相同或类似,如果公司名称无法与其他已经注册的公司名称区分进而导致申请受阻,发起人可能需要对股东就此受到的损害承担赔偿责任。

名称确认的申请可以通过电子方式提出,通常泰国商务部发展厅需要在1至3个工作日内完成审核,并向发起人发出保留名称的通知。发起人应当在保留名称的通知上签名,并在提交公司注册申请时一并提交。

(2)缴纳注册资本

发起人应当在公司名称保留后30日内向泰国商务部发展厅提交组织备忘录,并组织股东进行公司的法定会议(Statutory Meeting),完成公司股份认购和董事选聘等事宜。

就组织备忘录而言,需要记载已获名称保留的拟注册公司名称、公司注册办事处所在的地址、公司成立的目的、股东责任有限的声明、公司拟注册的股本金额、发起人的姓名和地址以及其各自认购的股份数量等基本信息。需要注意的是,根据泰国法律,每位发起人应当认购至少1股的股份,且每股价值不得低于5泰铢,所有股份必须在提交公司注册申请前认购完毕。

就公司的法定会议而言,发起人应当就公司的如下事项进行商议并达成一致:公司所采用的章程、批准发起人签订的任何合同并支付发起人为设立公司而产生的费用、确定拟发行的优先股数量(如有)及其所享有的优先权的性质和范围、确定以非货币形式全部或部分缴足的普通股或优先股的数量(如有)、选任公司第一任董事和审计师并确定他们各自的职责。法定会议的决议必须以多数票通过,且至少有一半以上拥有表决权的人通过,方可生效。

完成组织备忘录的制备并经法定会议达成有效决议后,发起人可以向董事移交管理公司权利。对于外国投资者而言,根据《泰国外商经营法》的规定，需要至少缴纳25%的注册资本后才能完成公司注册，因此董事履职后，应当敦促认购股份的股东尽快实缴注册资本。

(3)向商务部提交公司注册申请

在法定会议召开后的3个月内，董事应当根据股东的授权，向商务部提交公司注册申请，通常情况下，公司的发起人会在组织备忘录通过当日向商务部提交公司注册申请。实践中，向商务部递交公司注册申请后，一般1个月左右可以完成相应审核，获发公司营业执照。

公司注册申请中应当包含以下信息：公司认购或配发的股份总数(需区分普通股和优先股，如有)、以非货币方式全部或部分缴足的普通股或优先股的数量(以及在部分缴纳的情况下，股份缴纳的具体情况)、就认购股份收到的总金额以及每股已支付的金额、董事的姓名和职业以及地址(如果董事有权单独行事，还需说明其各自的权力以及有权单独行事的董事的人数和姓名)、公司注册期限(如有)、主要办事处和所有分支机构的地址等其他相关信息。同时，由于泰国对于股东认购公司股份有一定要求，因此公司董事还需签署一份声明，就股东已支付注册资本的情况进行说明。

此外，泰国所有公司都必须进行税务登记，应纳企业所得税的企业必须在成立公司或业务开始运营后的60天内从泰国国税局获得公司的税务识别号码和注册号码。应纳增值税(Value Added Tax，VAT)的业务经营者还必须在销售额达到60万泰铢之日起的30天内注册增值税识别号。①

2. 收购现有泰国公司的股权

泰国对于股权转让没有限制，但是私人有限责任公司的股权转让可能会受到公司章程的限制，收购公众有限责任公司的，还需要符合《证券交易法》的相关规定。同时，根据《泰国外商经营法》，外国投资者被限制在某些特定行业领域控股，针对这些领域，投资者在进行股权收购

① 参见《泰国税务手册》，载PwC网，https://www.pwc.com/th/en/services/assets/cdb/thai-tax-2022-23-booklet-cn.pdf。

时,应当确认其交易完成后,仍符合《泰国外商经营法》对持股比例的限制。

如果参与集中的相关方达到一定规模,则可能触发泰国经营者集中申报。泰国是为数不多适用双重经营者集中反垄断审查体系的国家。根据《泰国贸易竞争法》的规定,如果任何合并可能导致某个参与者具有"市场支配地位"或者造成"垄断后果",则应当事先获得贸易竞争委员会(Trade Competition Commission,TCC)的许可。合并前提交申请没有法定期限,但是应当以获得泰国贸易竞争委员会的许可作为进行交易的前置条件。

根据泰国贸易竞争委员会发布的指南,通常满足以下条件可能会被视为构成"市场支配地位"或造成"垄断后果":

(1)市场支配地位是指经营者上一年在相关市场拥有 50% 以上的市场份额,且上一年的销售额至少为 10 亿泰铢;或经营者为市场前三大经营者之一,上一年度这些经营者的市场份额合计达到 75% 以上,且该经营者上一年度的营业额至少为 10 亿泰铢(该经营者上一年度的市场份额在 10% 以下的除外)。

(2)垄断是指市场中只有一个经营者,其有权自行决定产品或服务的价格和供应,并且其销售营业额至少为 10 亿泰铢。

通常而言,泰国贸易竞争委员会将在收到申请的 90 日内完成对于经营者集中的审查,如确有必要,审核期限将会延长 15 日。如果泰国贸易竞争委员会决定同意该等合并,可能会为经营者的合并设置一定的期限或附加条件,如果泰国贸易竞争委员会不同意该等合并,经营者可以在收到禁止合并通知之日起的 60 日内提起行政诉讼。任何违反《泰国贸易竞争法》而实施的经营者集中,均可能会被处以交易金额总额 0.5% 的行政处罚。

另外,任何可能对泰国相关市场竞争产生影响的合并应当在该等合并开始后的 7 日内向 TCC 进行申报。如果相关经营者未能在交易完成之日起 7 日内向 TCC 提交相关通知,可能被处以最高 20 万泰铢的行政罚款,或在整个违规合并状态存续期间,被课以每日 1 万泰铢的罚款。

对于违反该等义务的实体的董事、经理或任何直接负责人，也可能受到相应的个人制裁。

需要注意的是，电信和广播业务、金融业务、保险业务和能源这些特殊领域不受《泰国贸易竞争法》（Thailand Trade Competition Act）的管控。

3. 收购现有泰国公司的资产

泰国法律并不限制外国投资者直接购买资产，外国投资者在进行资产收购时，亦无须履行额外的手续。但是根据泰国法律，外国投资者在获得土地所有权方面存在一些限制，比如《土地法案》（Land Code）规定外籍人士在特定商业领域内投资 4000 万泰铢，并经泰国内政部部长许可后，才可以拥有不超过 1 莱（rai，1 莱 = 1600 平方米）的居住用地，这些限制无法通过资产收购规避。

同时，根据《泰国民商法典》的规定，包括土地、建筑物、机械设备和船只等在内不动产的移转需要在相关主管部门进行登记。

四、投资路径的选择考量

（一）独资，抑或合资

在对泰国进行投资的过程中，投资者需要考虑是选择独资还是与泰国当地伙伴合资设立公司。

实践中，可以结合以下因素，考虑是否选择与泰国本土合作伙伴进行合资，设立多股东有限责任公司。一方面，项目是否有土地需求。目前泰国对于外国投资者取得土地仍存在较多限制，如果投资项目存在较大的土地需求，则可以选择与当地合作伙伴共同设立合资公司，以降低行政审批的成本。另一方面，项目是否存在外商投资限制领域。《泰国外商经营法》规定了相对较为宽泛的限制投资范围，这使外国投资者在诸多领域面临持股比例限制，在这些领域开展项目时，将不得不与当地合作伙伴设立合资公司。

针对后一种情况，在泰国进行投资时，部分投资者会采用双重持股结构以规避《泰国外商经营法》对于外国投资者投资企业领域的限制。具体而言，这是指外国投资者与泰国人合资设立公司，并由泰国人持股

51%,但是通过赋予外国股东更大表决权,使外国股东实质控制公司的经营决策。这种类似股权代持的结构近年来引起了泰国监管部门的注意。由于这种股权代持实际上违反了《泰国外商经营法》对于外国投资者投资范围的限制性规定,导致部分采取这种股权结构的外国投资者受到泰国监管部门的罚款,甚至面临停业的风险。因此,外国投资者在泰国进行投资时,如果希望获得对于项目的控制权,则仍应当尽量通过规范的方式获得FBL,如选择独资企业形式或取得绝对控股权。如果最终决定采取设立合资企业的方式,也应当妥善设置交易文件,在合资公司的股东和董事会层面加入少数股东保护条款,并设计一套切实可行的调解机制以预防可能出现的管理僵局。

(二)股权收购,抑或资产收购

外国投资者需要综合考虑收购目的、目标企业的法律状况和负债情况、目标企业的实质、经济效益以决定究竟选择股权收购抑或资产收购。其中,具有重要影响的因素包括行业特征、目标企业的历史债务、税收、许可证照和资质等。

1. 股权收购

通常而言,外国投资者在泰国的并购交易实践中,选择股权交易最主要的三大因素包括:

(1)针对特殊的行业或附条件行业,希望继续承继目标公司的资质、许可证。

(2)收购者希望利用原有的税收优惠等好处。

(3)股权收购流程相对简单快捷,买方仅需与标的公司签署股权转让协议。

但是,受让方在股权交易中也将不可避免地继承目标公司的原有债务负担,包括税务负担、金融债务等。因此,在股权交易中,有关目标公司的税务负担和债务状况的尽职调查是必不可少的,尤其是税务负担的后果可能在股权交易完成后若干年才显现,因此建议收购方聘请专业的中介服务机构开展税务尽职调查,并聘请税务律师起草专业的税务补偿条款和陈述保证条款,以维护自身利益。

2. 资产收购

在某些情况下，由于潜在的负债问题且需要为税务折旧目的重新确定资产价值，资产交易可能更合适，这主要是由于：

(1)买方能够对拟收购的资产，如货物、合同等进行有针对性的尽职调查。

(2)避免承担负债，资产收购的情况下，买方无须对买方的既有负债承担责任。同时，根据泰国法律，在资产出售中，除非合同另有约定，否则卖方没有义务征得所有债权人的同意。

(3)资产出售在满足一定条件的情况下可能部分适用转让税豁免，免征增值税、特殊营业税和印花税。这些条件主要包括：资产在根据泰国法律注册成立的公司之间进行业务转让；受让人在受让之日起 30 天内向税务局提交一份转让人和受让人的股东名单；转让人和受让人在转让之日不得有任何未缴税款(除非已向税务局提供银行担保或其他担保)；业务转让的转让方在业务转让的同一财务期内登记其解散(通过清算决议)。

但是，与股权收购相比，由于资产收购涉及的资产类型较多，不同类型的资产可能需要履行不同的登记转让手续，且需要买方进行有针对性的尽职调查，因此往往耗时更长。而且根据泰国法律，目标公司的许多相关许可证是不可转让的，这意味着买方可能需要在使用这些资产前重新申请许可证，这将大大延长交易周期。

(三)是否设立 SPV

很多跨国企业在开展业务投资时往往会寻求通过离岸特殊目的载体(Special Purpose Vehicle，SPV)实现对泰国的投资。外国投资者设立 SPV 主要是希望实现如下目的：(1)纳税筹划，减少或避免税负，特别是股权转让退出时被征收的资本利得税；(2)灵活退出，可以通过转让 SPV 从泰国的业务中退出；(3)风险隔离，通过设立 SPV 隔离母公司对泰国业务的直接责任。

如果通过 SPV 对泰国进行投资，在设立地的选择上，可以考虑 SPV 注册地是否与泰国签署双边投资协定、双重避税协定，以及 SPV 注册地的日常维系成本。在中国香港特别行政区、新加坡等地维持企业运行的费用较高,而塞舌尔和萨摩亚相对成本低廉。

与此同时,如PPP(Public-Private Partnership)项目、资产证券化等项目在开展过程中,也会选择在泰国当地设立SPV作为主要的融资平台。比如就资产证券化项目而言,与资产证券化相关的SPV需取得证券交易所的批准,该SPV运用其现金流入支付款项及费用时,需依照经证券交易所批准的计划执行,但是来自证券化项目的所得免纳企业所得税。[①] 目前泰国当地对于SPV的设立并没有特别的监管要求。因此,企业可以考虑在开展特定项目时采用SPV的结构以便获取融资。

五、中国企业赴泰国投资的法律建议

泰国的经济发展总体平稳,对于中国投资者相对友好。但是泰国外商投资竞争激烈,中国投资者在环保合规、竞争秩序等方面也面临一些挑战,特别是由于泰国政府更迭,导致行政效率大幅下降。此外,虽然泰国法律法规相对较为完善,但是法律法规实施过程中存在一些人为因素,贿赂的情况时有发生,导致投资过程中可能出现不可控的风险。[②] 中国企业如选择前往泰国投资,在作出相应投资决策前应予以充分考虑和权衡,并且充分了解泰国当地政策和法律规定,避免因仓促决策而遭受大额损失。

如果最终决定前往泰国投资,应注意采取必要的风险防范措施。具体建议如下。

(一)熟悉泰国法律规范

泰国的政治制度与法律体系均与中国不同,中国企业在赴泰国投资前,应对泰国投资的法律环境具备基本认识,包括:

---

① 参见《在泰国注册公司》,载Justlaws & Consult International Law Firm网,https://zh.juslaws.com/business-commercial/company-registration?utm_source=google&utm_medium=cpc&utm_campaign=int_lawyer&gad_source=1&gclid=EAIaIQobChMI9Zbgw7rphQMV-687CBB1smgd3EAAYASAAEgIh6PD_BwE。

② 参见2023 Investment Climate Statements-Thailand,载U.S. Department of State网,https://www.state.gov/reports/2023-investment-climate-statements/thailand/。

1. 了解泰国的市场准入规则及产业负面清单。

2. 发现潜在的投资壁垒。比如泰国对外国人从事经营建筑业限制较多,投资者应当事先了解拟投领域的限制性规定。

3. 了解泰国的环保政策。泰国法律对于环保的要求较高,企业投资时除了需符合泰国的环保标准,还应妥善处理与周边社区的关系,符合当地政策性规定。

(二)对合作伙伴展开尽职调查

中国企业在泰国投资时需要谨慎选择合作伙伴。部分中国企业在泰国开展业务时,可能轻信中介机构或中间人的描述,未能充分了解交易伙伴的基本情况。因此,中国企业在与合作伙伴正式签署合作文件之前,建议对合作伙伴展开尽职调查,以确认合作伙伴是否存在欺瞒现象,确认其是否具有合作实力、是否与其描述情况相符,尤其是合作伙伴是否具有其所宣传的资源、许可证、土地、资产等。在确认合作伙伴后,可以聘请专业律师与其签署正式的合作文件,包括可能的合资协议、股东协议等文件。

(三)购买海外保险

泰国总体投资环境良好,但是此前泰国政治局势持续动荡,政府高层的经常变动导致行政效率低下,一些投资项目的审批程序复杂且周期较长,且可能面临政策改变,甚至是局部地区的安全风险。因此,中国企业可以考虑通过购买海外保险的形式降低自身风险。其中包括中国专门承办跨国投资政治风险的保险机构即中国出口信用保险公司承保的海外投资保险业务,其主要针对中国投资者在海外投资时面临的政治风险,险别包括征收险、汇兑险、战乱险以及政府违约险。

(四)聘请专业法律团队

泰国的市场对外开放较早,因此中国企业在对泰国进行投资时,应当尽早聘请专业顾问团队以确保对泰国的投资活动的合规性,以及企业的投资行为符合泰国国家对于外资监管的规定。同时,应当通过品质专业团队展开尽职调查,起草公司设立文件或收购交易文件,取得相关许可证照,以保障交易项目本身的顺利开展,助力企业完成对泰国的投资活动。

第八章　东盟十国投资之文莱篇

文莱通过修订立法简化了企业注册流程，缩短了注册时间，不断吸引外商投资，但与此同时文莱的法律透明化程度不高且政府效率低下，为中国投资者赴文莱投资增加了不确定性。本章将通过介绍文莱现行外商投资准入政策、投资主要法律形式及法律程序，帮助中国企业了解文莱目前投资环境，提示投资者在作出投资决策前谨慎选择法律形式并遵循法律程序的要求，采取尽职调查、购买保险等方式降低投资风险，实现商业目的。

一、文莱投资的优势

文莱拥有丰富的自然资源、稳定的政治环境、优惠的税收政策，为投资者提供了一个良好投资环境。文莱的经济仍然依赖于石油和天然气销售的收入，对该国国内生产总值的贡献约为50%。来自海外投资的大量收入是对国内油气生产收入的补充。①

相关数据显示，2023年中国和文莱双边货物贸易额达28.08亿美元，相比2022年同期减少了2.7亿美元，同比下降8%。其中，中国对文莱出口额8.6亿美元，同比增长6.9%；自文莱进口额19.49亿美元，同比下降13.3%。②

文莱的经济是开放的，有利于对外贸易和外国直接投资。外国直接

---

① 参见2023 Investment Climate Statements：Brunei，载U. S. Department of State网，https://www.state.gov/reports/2023-investment-climate-statements/brunei/。

② 参见《2023年中国与文莱双边贸易额与贸易差额统计》，载华经情报网，https://www.huaon.com/channel/tradedata/959810.html。

投资在文莱的经济和技术发展中起着关键作用。文莱通过财政和经济部提供的各种投资激励措施鼓励外国直接投资。一方面,文莱通过修订法律为外国投资者提供了更加便利的投资环境。2001 年,文莱颁布《文莱投资促进法》,鼓励外商投资,2016 年修订《营业执照法案》(Business Licenses Act),豁免了餐厅、零售商店等部分商业活动的营业执照要求,2020 年生效的《文莱竞争法》提高了市场效率并保护消费者权益。在税收方面,文莱主要税种为企业所得税,对股息不征收预提税,也无增值税、个人所得税、资本利得税等诸多税种,在东盟地区属较低水平。另一方面,文莱划出 8 个经济特区,采取免税优惠、融资平台、研发补贴等优惠政策以吸引外商投资。此外,文莱为了吸引外资,成立了经济发展局(Brunei Economic Development Board, BEDB)和达鲁萨兰企业(Darussalam Enterprise, DARe)。经济发展局是政府的前线机构,负责促进和推动外国投资进入文莱。经济发展局负责评估投资建议,与政府机构联络,并从政府的外国直接投资和下游产业委员会获得项目批准。

从对外合作角度看,截至 2025 年 3 月 17 日,文莱与 8 个国家或地区之间签署了双边投资协定(Bilateral Investment Treaties, BITs),此外,文莱参与签署的含投资条款的条约(Treaties with Investment Provisions, TIPs)有 22 个。其中,自 1998 年起,文莱先后与德国、韩国、中国等国缔结双边投资条约。1984 年,文莱加入东盟,文莱同样受东盟与其他国家签署的自由贸易协定关税减让的约束。此外,文莱是世界贸易组织(Word Trade Organization, WTO)、亚太经济合作组织(Asia-Pacific Economic Cooperation, APEC)、国际货币基金组织(International Monetary Fund, IMF)、《区域全面经济伙伴关系协定》(Regional Comprehensive Economic Partnership, RCEP)、《全面与进步跨太平洋伙伴关系协定》(Comprehensive and Progressive Agreement for Trans-Pacific Partnership, CPTPP)等多个国际经济组织或协定的成员,是亚投行的创始成员,与中国在 WTO、APEC、中国—东盟、东盟—中日韩、中国—东盟东部增长区(东增区)开展了广泛深入合作,为区域及全球经济发展作出积极贡献。①

二、文莱对外商投资的限制

(一)市场准入限制

在文莱,经济发展局负责对外招商引资,与“利用外资及下游产业投资指导委员会”(FDI and Downstream Industry Investment Steering Committee,FDIDI)及“外资行动与支持中心”(FDI Action and Support Center,FAST)合作,利用外商直接投资快速通道以简化获得许可证、批准和营业执照(包括建筑许可证等)的流程;2016 年设立的法定机构达鲁萨兰企业,负责提供外资项目用地及落地后的管理服务工作。②

在文莱,被禁止投资的行业较少,除武器、毒品、与伊斯兰教义相悖的行业等被禁止投资的领域以及限制外商投资的领域外,对大部分行业未禁止外商投资或限制外资持股比例。

(二)文莱的外商投资审查制度

在文莱,除禁止或限制外商投资的领域(包括永久土地所有权的限制)外,文莱对大部分行业外资企业投资没有明确的本地股份占比规定,对外国自然人投资亦无特殊限制,仅要求公司董事至少 1 人为当地居民,或者如果有 2 名以上的董事,至少有 2 名是文莱的常住居民,但在某些情况下可以获得豁免。

(三)土地使用权方面对外国投资者的限制

根据《文莱土地法》的规定,禁止非文莱籍人拥有永久地契的地产,但外国直接投资者可以购买分层产权房产,亦可长期租用土地及房产。

为提高政府行政效率,改善营商环境,文莱土地局和电子政府中心于 2016 年年初联合推出了网上土地交易系统(Land Application and Registration Information System,LARIS),通过该网上平台可在线办理

---

① 参见 International Investment Agreements Navigator:Brunei Darussalam,载 UNCTAD 网,https://investmentpolicy. unctad. org/international-investment-agreements/countries/29/brunei-darussalam。

② 参见 Investment Opportunities,载 Brunei Economic Development Board 网,http://www. bedb. com. bn/investment-opportunities/。

土地所有权过户、土地租赁、延长土地租期、更改土地使用条件、缴付土地费用等业务，网址为 https://business. mofe. gov. bn/SitePages/E-Services. aspx。

(四)外汇方面的注意事项

文莱货币为文莱元(BND)，人民币与文莱元可直接兑换。文莱无外汇限制，但外汇的交易及流动受到监督。外资企业在当地开立外汇账户须提供公司注册文件及护照复印件等材料。

三、文莱投资的法律形式和投资流程

(一)文莱投资的主要法律形式

中国投资者对文莱开展直接投资的主要途径是新设法律实体。文莱对新设公司的外资持股比例没有限制，中国投资者可以在文莱全资设立外资公司或外国分公司，但不得拥有一家独资企业或合伙企业。由于文莱经济以油气资源产业为支柱，其他产业尚不发达，因此外国直接投资以新设法律实体为主，鲜有并购案例。

1. 分公司(Branch)

若投资者暂不希望在文莱当地注册公司，可考虑注册外国公司分公司。文莱对分公司没有外资持股比例的限制，但应当在文莱设立注册办事处，并委任 1 名文莱居民为公司秘书。分公司的注册要求与注册公司类似(注册流程见下文)。

2. 公司(Company)

公司没有企业最低股本限制，也没有外资持股比例的限制，但是文莱要求公司董事中需至少 1 名为文莱居民。根据能否公开发行股票或债券，公司分为私人公司和公众公司。

(1)私人公司(Private Company)

私人公司拥有至少 2 名但不超过 50 名股东，且股份转让受到限制，不得公开发行股票或债券。股东可以是非文莱公民或永久性居民。公司要求至少有 2 位董事：若仅有 2 位董事，则至少 1 位必须在文莱居住；若超过 2 名董事，则至少有 2 位在文莱居住。此外，公司须提交周年财务报表。[1]

(2)公众公司(Public Company)

公众公司须有至少7名股东,股东人数可以超过50人,可以公开发行股票或债券。

3. 合伙企业(Partnership)

合伙企业仅可由文莱公民或永久性居民设立。合伙人数量通常为2名至20名,如超过20名,则须注册为公司。合伙企业并非独立的法律实体,合伙人个人就其他合伙人招致的合伙债务及损失承担无限责任。

4. 独资企业(Sole Proprietorship)

独资企业是由一个自然人或一个公司持有的商业实体,仅可由文莱公民或永久性居民设立。独资企业并非独立的法律实体,其所有人个人就独资企业债务及损失承担无限责任。

(二)投资程序

1. 新设公司

从2015年开始,文莱财政部启用专门网站办理企业名称及公司注册登记事务,相关费用可在线支付,企业注册登记时间从以往的4天至10天缩短到1个工作日。在文莱,设立各类法律实体均需要在文莱财政部下属公司和企业名称注册处(the Registry of Companies and Business Names Division,ROCBN)进行注册,具体流程如下:

(1)设立公司

在商业注册阶段,申请人通过文莱财政部公司注册线上系统(https://www.ocp.mofe.gov.bn/)提交申请,系统对商用名称进行核验,经验证通过后,申请人填写线上申请表并在线提交申请文件。申请人通过线上或线下方式支付注册费,支付成功后将收到一封邮件提示该申请正在审查中。公司和企业名称注册处审批通过该注册申请后,将在1个工作日内向申请人发送邮件并附上公司注册证书(Certificate of Registration)。公司和企业名称注册处自动将公司注册完成的情况通知

---

① 参见《文莱公司法》第29条。

所得税代征人。在商业注册时,需要通过系统上传的电子资料有:国家登记身份证(National Registration Identity Card,NRIC)等身份证明文件(如有外国董事,需提供护照副本以替代 NRIC);每个成员的电子邮件和联系方式;担任董事的同意书;表格 X(董事名单);所有成员签署的公司章程。

成功注册后,登记加入员工公积金登记系统。公司一经设立,该等公司注册信息将自动转入员工公积金(Employee Provident Fund,EPF)系统,员工公积金系统将向公司董事发送一份邮件说明员工公积金登记的程序和要求,由公司在线上网站(http://www. tap. com. bn/)完成在线登记并获取账号。此外,公司还应当通过该网站以线上方式完成员工登记并支付相关定期缴款(contributions)。为办理员工登记,公司需提供员工姓名、身份证、劳动合同及工资等资料。对于新员工来说,员工公积金登记通常需要 1 个工作日。

针对文莱女性设立企业的特别许可:根据《伊斯兰家庭法》第 61 条规定,妻子离家创办企业须取得其丈夫的许可,否则不得无故拒绝服从其丈夫的合法意愿或命令。

在文莱注册公司的时间及费用成本如表 8 - 1 所示(汇率:1 文莱元兑 5. 33 元人民币)。

表 8 - 1　文莱公司注册程序及成本

流程	受理机构	办理时间	费用(文莱元 BDN)
提交注册文件并支付注册费	财政部下属公司和企业名称注册处	2 天	300
加盖公司印章(如需要)	印章制造方	3 天	185
员工公积金登记	公积金	1 天	无

(2)设立分公司

外国投资者在文莱设立分公司,需提供以下资料:外国总公司同意书、经核证的公司注册证书副本或类似文件、经核证的公司章程副本或类似文件、委托书或授权书(指定至少 2 名文莱居民并提供其姓名、地址)、公司决议、董事名单[表格Ⅳ(F)]、承诺书、授权人员名单、关于文莱注册办公地情况说明的通知等。[①]

(3)设立独资企业或合伙企业

申请人同样需要登录文莱财政部公司注册线上系统(https://www.ocp.mofe.gov.bn/)并创建账户,以申请设立独资企业或合伙企业,在线填写注册申请表后,需要支付商业名称注册费 30 文莱元。设立独资企业和合伙企业均需在线提交下列资料:经签署的国家登记身份证副本、[②]文件送达地址(如适用)。[③]

由于文莱法律规定不允许外国投资者以独资企业或合伙企业形式设立企业,所以中国投资者在对文莱投资时应注意避免采取这两种形式。

2. 收购现有文莱公司的股权

由于文莱经济以油气资源产业为支柱,其他产业尚不发达,而我国企业制造业优势比较明显,因此中国企业对文莱投资以新设投资为主,鲜有投资者通过收购公司股权的方式对文莱进行投资。但是若中国投资者是对文莱资源产业投资,则新设投资和并购两种方式皆可选择,同时考虑到文莱政府可能对外国资源投资的干预,中国企业在文莱设立相关企业的风险较高,投资者也可考虑以与文莱本地企业合资的方式对资源开采业进行投资。[④]

文莱尚未设置经营者集中申报相关制度,但根据《文莱竞争法》第 23 条的规定,禁止可能导致市场竞争大幅减少的企业合并。当然,并非所有企业合并行为均被禁止,《文莱竞争法》列举了不受该法第 23 条规

① 参见 Incorporation of Companies,载 Ministry of Finance and Economy 网,https://www.mofe.gov.bn/divisions/incorporation-of-companies.aspx。

② NRIC 适用于文莱公民、永久居民和临时居民,由于独资企业及合伙企业仅可由文莱公民或永久居民设立,因而申请材料包括 NRIC 副本等文件。

③ 参见 Business Names Registration,载 Ministry of Finance and Economy 网,https://www.mofe.gov.bn/divisions/business-names-registration.aspx。

④ 参见郑磊:《中国对东盟直接投资研究》,东北财经大学 2011 年博士学位论文,第 43 页。

定的合并行为，如经政府部门批准、经文莱竞争委员会（Company Commission of Brunei Darussalam，CCBD）以外的其他监管机构批准或附录3列明的情形（如服务于一般经济利益、遵守法律要求、避免与公共政策或国际承诺发生冲突）。目前，企业合并将接受文莱竞争委员会的审查，若其有合理理由怀疑该交易违反《文莱竞争法》，有权通知竞争和消费者事务部展开正式调查。竞争委员会还有权要求企业提供相关信息和文件。[①]

3. 收购现有文莱公司的资产

文莱法律并未明确限制外国投资者购买文莱公司的资产，但不能拥有永久地契的地产，仅可购买分层产权房产或通过长期租赁方式取得土地使用权。若投资者选择长期租赁土地，可在原有土地所有权上登记和背书以确保转租权，该长期租赁权益可以转让也可作抵押物。若投资者有土地需求，也可考虑选择文莱本土合作伙伴进行合资，设立合资公司。

在文莱，每一次地产所有权转让均需要得到苏丹议会（His Majesty in Council）的批准，该议会由代表苏丹的官员组成，整个审批过程可能较长且程序不透明。[②] 首先，双方在律师的协助下签署资产出售和购买协议，同时准备转让备忘录（Memorandum of Transfer）。其次，申请人通过向土地局（Lands Department）提交申请以获得苏丹议会对转让备忘录的批准。具体的审批流程分为三步：（1）土地局将审查所有信息是否已适当填写（包括转让细节），并向经济发展局提交报告；（2）经济发展局将对交易是否符合政府的土地相关政策进行审查，若经审查该交易是被允许的，则向苏丹议会提交报告；（3）转让备忘录被批准后，土地局将对资产的市场价值进行评估，并告知申请人该交易应缴纳的税费（包括印花税、登记费、土地税等）。申请人需向土地局提供支付证明。通常，申请人取得苏丹议会批准的整个流程需要6至8个月。最后，土地局会委

① 参见《文莱竞争法》。

② 参见2023 Investment Climate Statements-Brunei，载U. S. Department of State网，https://www.state.gov/reports/2023-investment-climate-statements/brunei。

派专人现场访问以确认实际应付印花税并查明场地内所进行的活动，随后交易双方前往土地局并在工作人员见证下签署转让备忘录和全额缴款书。①

文莱对股权收购或资产收购并无特别规定，投资者需要综合考虑收购目的、目标企业的法律状况和负债情况、目标企业的实质、经济效益以决定究竟选择股权收购抑或资产收购。其中，具有重要影响的因素包括目标企业的历史债务、是否符合合格投资项目、税收情况等。税收方面，在文莱收购资产或公司股权，不征收财产转让税，但需缴纳印花税，印花税将根据出售的资产数量或价值分别计税（见表8－2）。②

表8－2　文莱收购公司股权及资产适用的印花税

交易类型		印花税
出售任何资产（除公司股份）	出售价值不超过100文元	50文分
	出售价值在100～250文元	1.5文元
	出售价值在250～500文元	3文元
	之后每增加250文元	1.5文元
出售公司股份（对于每100文元）	转让人在转让执行之前填写受让人姓名	10文分
	转让人在转让执行之前未填写受让人姓名（空白转让）	30文分

四、中国企业赴文莱投资的法律建议

虽然文莱实施较为宽松的外商投资政策，但在文莱开展投资活动仍存在一定风险，如政府效率低下、融资渠道受限、劳动力缺乏且主要服务于石油和天然气行业等，中国企业如选择前往文莱投资，在作出相应投资决策前应予以充分考虑和权衡，避免因仓促决策而遭受大额损失。如

① 参见Doing Business in Brunei Darussalam，载World Bank Group网，https://archive.doingbusiness.org/content/dam/doingBusiness/country/b/brunei/BRN.pdf。

② 参见《中国居民赴文莱投资税收指南》，载中华人民共和国国家税务总局网，https://www.chinatax.gov.cn/chinatax/n810219/n810744/n1671176/n1671206/c2069834/5116151/files/20698341.pdf。

果最终决定前往文莱投资，应注意采取必要的风险防范措施。具体建议如下。

（一）熟悉文莱法律规范

中国企业在前往文莱投资前，应当熟悉当地法律法规，包括：

1. 关注文莱的市场准入规则，避免投资风险和不必要的投资损失。

2. 关注文莱的劳动政策。文莱存在巨大的用工缺口，外资企业引进外籍劳工，需事先向文莱劳工局申请劳工配额，并向移民局申请工作准证。

（二）积极配置海外投资保险，保障投资者利益

考虑到对外投资的诸多不确定性，企业应积极利用保险机构、担保机构、银行等金融机构提供的相关服务保障自身利益。中国企业可以通过购买海外保险的形式降低风险。可供选择的海外保险主要包括两种，一种是中国专门承办跨国投资政治风险的保险机构即中国出口信用保险公司承保的海外投资保险业务，主要针对中国投资者在海外投资时面临的政治风险，险别包括征收险、汇兑险、战乱险以及政府违约险；另一种是多边投资担保机构（Multilateral Investment Guarantee Agency，MIGA）承保的海外投资，该机构在《多边投资担保机构公约》（Convention Establishing the Multilateral Investment Guarantee Agency）下设立，系世界银行集团的一员。

（三）强化交易方尽职调查

若投资者计划在文莱当地收购一家公司或设立合资公司，建议对目标公司开展尽职调查，核查目标公司的资产、资质、债权债务、法律和财务状况。在投资者最终确定赴文莱投资计划后，建议通过聘请国际化的专业法律团队，与目标公司展开商业谈判，签署公司设立文件、收购协议、股东协议等。

（四）聘请专业的法律团队

文莱法律法规透明化程度不高，但在实践中，法院系统的运作不受政府干预。文莱的法律体系包括两个平行体系：一个是基于普通法的体

系,另一个是基于伊斯兰法的体系,具有特殊性。[①] 因此,中国投资者到文莱投资存在潜在风险,建议中国企业尽早聘请专业的法律团队确保对文莱投资的合规性。在项目进行过程中,通过开展尽职调查、起草交易文件或公司设立文件、提出法律审查意见、出具法律意见书等,为中国企业在文莱投资提供专业的法律服务。

① 参见 2023 Investment Climate Statements-Brunei,载 U. S. Department of State 网,https://www.state.gov/reports/2023-investment-climate-statements/brunei。

第九章　东盟十国投资之新加坡篇

本章首先梳理了新加坡在外商投资领域的优势及针对外国投资者在行业准入、土地使用和外汇方面的主要监管规定。其次向中国投资者介绍在新加坡投资时可采取的法律实体类型，包括代表处、个人独资企业，以及专门为促进外商投资设计的豁免私人公司和可变资本公司等法律形式，并进一步说明新设实体、股权收购、资产收购等不同投资程序在新加坡所涉及的政府监管流程。在此基础上，对比新设实体、股权收购、资产收购和新设特殊目的公司在新加坡法律、税务和商业目的实现上的不同，为中国投资者选择合适的投资路径提供参考。最后，提示中国投资者在新加坡进行投资时应当充分了解当地法律规范、选择合适的交易架构，通过购买海外保险或聘请法律团队等方式降低交易风险，提高投资收益。

一、新加坡投资的优势

新加坡是东南亚地区最大的外资接收国之一，根据新加坡经济发展局（Economic Development Board，EDB）披露的数据，新加坡在 2023 年吸引了 127 亿新元（约合 95 亿美元）的固定资产投资承诺。[①] 独特的地理位置、稳定的社会政治环境、积极的外商投资政策，与其他国家和地区全面深入的投资合作协议等因素使得新加坡吸引了诸多外国投资者。

从国内社会环境和外商投资政策来看，新加坡区位优势明显、政治社会稳定、营商环境优越，政府注重吸引外国投资。在社会环境方面，新

① 参见 Year 2023 in Review，载 EDB Singapore 网，https://www.edb.gov.sg/en/about-edb/media-releases-publications/edb-year-2023-in-review.html。

加坡毗邻马六甲海峡,港口资源丰富、航运便利,是东南亚地区重要的贸易、金融中心;人民行动党一直保持着执政党的地位,保证了国内政策的连续性和稳定性;稳定的政治环境使政府高效廉洁、政策透明公开,企业运营成本较低,运营风险可预见、可控制。在吸引外资方面,新加坡经济发展局(Singapore Economic Development Board)于 1961 年成立,在投资促进领域有丰富经验,并致力于不断改善营商环境,为外资企业提供初创企业特殊情况基金(Special Situation Fund for Startup)、先锋企业优惠(The Pioneer Certificate Incentive)等优惠政策支持,特别注重对于科技型企业的扶持。此外,新加坡对于外资投资限制较少,除金融、保险、证券等特殊领域需要向主管部门报备外,绝大多数产业领域对外资持股比例均无限制性规定。

从对外合作角度看,新加坡与其他国家和地区广泛建立了贸易关系,缔结了 96 项避免双重征税协定。① 新加坡与中国、欧盟、美国等 15 个国家和地区均签署了双边自由贸易协定,同时,新加坡共加入了 12 个区域性自由贸易协定,包括以东盟为核心的 7 个区域性自由贸易协定,并参与海湾阿拉伯国家合作委员会(Gulf Cooperation Council)、跨太平洋伙伴关系协定(Trans-Pacific Partnership Agreement)等区域性自由贸易协定,这使在新加坡注册成立的企业能够享受更多的贸易利好和出口优惠。② 在数字经济领域,新加坡已经完成与澳大利亚、英国、韩国等国家的协议谈判,为人工智能、数据创新等领域的发展提供了便利,促进中小企业数字化以及与海外合作伙伴的连接。③ 新加坡与中国的经贸联系也特别紧密,2023 年 12 月,新加坡与中国签署了关于进一步升级自由贸易协定的议定书,为双方投资者和服务提供者提供了更为广阔的市

① 参见 2023 Investment Climate Statements-Singapore,载 U. S. Department of State 网,https://www.state.gov/reports/2023-investment-climate-statements/singapore/。

② 新加坡加入的自由贸易协定可参见 https://www.enterprisesg.gov.sg/grow-your-business/go-global/international-agreements/free-trade-agreements/find-an-fta#signature6_e=0。

③ 参见 Digital Economy Agreement,载 Ministry of Trade and Industry Singapore 网,https://www.mti.gov.sg/Trade/Digital-Economy-Agreements。

场空间,并进一步拓展数字经济等新兴领域的合作。①

值得一提的是,作为东盟国家中第一个完成《区域全面经济伙伴关系协定》(Regional Comprehensive Economic Partnership,RCEP)官方核准程序的成员国,2022 年生效的 RCEP 在实施两年以来进一步刺激了新加坡的外商直接投资,并维持了新加坡对外资的吸引优势。首先,RCEP 中的非关税措施促进企业交易成本下降,并要求放宽投资者准入门槛,放开至少 65% 的服务业,这有利于吸引投资、增加就业。其次,RCEP 促进参与国之间的跨境执法合作,保护电子商务贸易和个人数据安全,有利于提高新加坡国内中小企业的竞争优势。最后,RCEP 有利于维护新加坡国际金融中心的地位,RCEP 促进区域在电子、生物医药、金融等领域内的合作和发展,减少各国在相关领域的贸易壁垒,有利于提升供应链互联水平,加强区域内互联互通。

二、外国投资者在新加坡投资的限制

(一)行业准入限制

新加坡一般不限制外国投资范围,也没有针对外国投资的单独立法或负面清单,绝大多数产业领域对外资的股权比例没有限制性规定。新加坡经济发展局等政府部门对于外资持开放态度,主要为其提供激励政策。但是外商投资在某些行业和战略性产业上仍可能受到部门法的限制。新加坡对外商投资存在限制性规定的行业主要如表 9 - 1 所示。

① 参见《中国与新加坡签署中新自由贸易协定进一步升级议定书》,载中国自由贸易区服务网,http://fta.mofcom.gov.cn/article/chinasingaporeupgrade/chinasingaporeupgradenews/202312/54903_1.html。

表 9－1　新加坡部分外商投资受限制行业

限制领域	法律依据	限制性规定
法律服务	《法律职业规章》[Legal Profession (Law Practice Entities) Rules]	• 获得合格外国律师事务所(Qualified Foreign Law Practice, QFLP)执照的才能够在新加坡执业； • 外国律师事务所在家庭法、刑法、争议解决等领域的执业受到限制
广播	《广播法令》(Broadcasting Act)	• 未经资讯通信媒体发展局(Infocomm Media Development Authority, IMDA)授予广播执照,任何人不得在或向新加坡提供任何受许可的广播服务； • 如果公司中任何外方持有或控制不少于公司或其控股公司 49% 的股权或表决权;或对公司或其控股公司进行督导、控制或管理的所有或多数人由任何外方任命或习惯于按照任何外方的指示行事,则不予授予该等执照
印刷媒体	《报业和印刷法令》(Newspaper and Printing Presses Act)	• 在每个报业公司中,所有董事均为新加坡人； • 股份分为管理股和普通股。管理股仅可向由媒体局授予书面批准的新加坡公民或公司发行或转让,外资持有上市印刷媒体公司管理股的上限为 3%

对于网络媒体行业,新加坡近年来增加了监管力度,所有外国投资者与本地企业一样均需遵守资讯通信媒体发展局的监督。2022 年 11 月,新加坡议会通过了《在线安全(杂项修正案)法案》[Online Safety (Miscellaneous Amendments) Bill],并作为《广播法令》的补充。该法要求社交媒体平台(但不包括私人信息通信)采取措施,限制用户接触政府认为对国家有害的在线内容,并允许政府将具有重大影响力的平台指定为“受监管的在线通信服务”。该法还授权 IMDA 指导社交媒体服务下架或禁止国内用户访问“恶劣内容”,或禁止特定账户与国内用户互动并向其传播内容,此类恶劣内容包括性伤害、儿童性剥削、网络欺凌、恐怖主义、煽动种族或宗教紧张关系、自我伤害、危害公共卫生和安全的

相关内容以及种族和宗教不容忍。

此外，在电信、能源、金融服务等领域，尽管新加坡对于外商投资没有限制性规定，但是这些领域的市场主要由新加坡公司主导，且相关市场集中度较高，大部分市场份额为新加坡公司占据，这使外国公司实际上较难进入相关领域。

（二）新加坡的国家安全审查

近年来全球多个国家和地区都加大了基于国家安全的外商直接投资审查力度，并对某些涉及国家安全的特定领域进行了事先审查。在这一背景下，《新加坡重大投资审查法》已于 2024 年 1 月 9 日由新加坡议会正式通过，并于 2024 年 3 月 28 日生效。[①]《新加坡重大投资审查法》规定了一种投资管理制度，以监管在新加坡设立的被指定为对新加坡国家安全利益至关重要的实体的重大投资（无论是本地还是外国）。具体而言，《新加坡重大投资审查法》并未对国家安全一词进行定义，但该法案引入了指定实体（Designated Entities）的概念，即贸易和工业部（部长）可以指定以下实体为指定实体（如果其认为为了新加坡的国家安全利益进行这样的指定是必要的）：（1）在新加坡注册、组建或成立；（2）在新加坡进行任何活动；或者（3）向新加坡任何人提供任何商品和服务。根据《新加坡重大投资审查法》的规定，部长在考虑是否指定实体时将考虑各种因素，包括但不限于：（1）该实体是否具有与新加坡国家安全利益相关的关键职能（例如，它是安全相关职能的主要提供者，并且几乎没有/没有替代方案）；（2）现有部门立法是否充分涵盖了国家安全利益。为向投资者和相关实体提供确定性，指定实体和取消此类指定实体的决定都将在公报上公告。此外，部长必须向相关实体发出将其视为指定实体的意向通知，并且必须在该等通知后至少 14 天的时间内允许该实体就意向中的指定作出书面陈述，以寻求部长对该等决定的重新考虑。

---

① 参见 Introduction to the Significant Investments Review Act（SIRA），载 Ministry of Trade and Industry Singapore 网，https://www.mti.gov.sg/SIRA/Significant-Investments-Review-Act。

根据《新加坡重大投资审查法》，指定实体应报告股权或控制权的变化，并在股权或控制权的变化超过一定阈值时寻求部长的批准。需要通知部长或取得部长批准的相关交易门槛如下：(1)需要通知部长的交易。收购指定实体至少5%权益(按股权金额或投票权计算)的收购方必须在收购后7天内以书面形式通知部长，否则将被视为违反《新加坡重大投资审查法》。(2)需要取得部长批准的交易。以下交易需要取得部长的批准：①投资者将获得指定实体12%、25%或50%(适用于相关交易)的权益(按段权金额或投票权计算)；②投资者将成为指定实体的间接控制人；③投资者将以持续经营的方式收购指定实体的(部分)业务或事业；④指定实体的现有投资者将不再是该指定实体50%或75%的控制人。

未取得上述批准的交易将被视为无效。除前述事项外，指定实体还需就如下事项取得部长的批准：任命首席执行官、董事和董事会主席等主要管理人员，以及指定实体的自愿清算或解散。此外，除了涉及指定实体的交易之外，部长还有权审查涉及违反新加坡国家安全利益的实体的交易，该等审查权的有效期为相关交易后2年。

(三)土地使用权方面对外国投资者的限制

新加坡的土地归国家所有，但是允许采用拍卖、招标、有价划拨和临时出租等方式进行土地交易，向使用者出售一定年限的土地使用权。土地产权分为永久业权(Freehold Estates)、租赁地产(Leasehold Estates)和永久产权(Estates in Perpetuity)。永久业权根据所持有土地的期限不同分为两种，一种是土地所有者可以无期限地拥有土地，并在其死后，将土地传给他的任何继任者；另一种则是土地所有者对于土地的所有权在其死亡时截止。租赁地产具有明确期限，与政府业主(Government Landlord)签订的土地租赁合同通常租约为30年或60年，租约到期后，土地将归还给政府业主。永久产权是指个人无限期地拥有土地权益。

外资企业经新加坡土地管理局(Singapore Land Authority，SLA)批准后，可以参与新加坡土地交易。如果外资意图取得农业耕地所有权或承包经营权，则需要获得新加坡土地管理局的批准，在处置、租赁或抵押该土地前也需要取得新加坡土地管理局的批准。

新加坡的土地用途可划为住宅、商业及工业用途，外国投资者可以相对自由地获得商业或工业用途土地的所有权，包括办公室、零售店和商店等，但是需要支付高于新加坡公民或永久居民的印花税。而就住宅而言，根据《新加坡住宅财产法》，如果外国投资者（包括外国自然人和外国自然人在新加坡成立的公司）意图转让、购买或收购平房、住宅用地、独立式住宅等，必须先获得新加坡土地管理局的批准。在获得批准购买住宅后，外国投资者也可能面临住宅使用用途，以及出售、转让等处置手段方面的限制。

需要注意的是，根据《新加坡土地征用法》的规定，政府有时会出于基础设施开发和公共项目建设等目的征用私人土地，被征用土地的土地所有者可以获得市场价值赔偿。因此，外国投资者在购买新加坡土地时，需要注意可能的征收风险。

（四）外汇使用和反洗钱的注意事项

新加坡于1978年起不再实施外汇管制，对新加坡投资、汇付股息等行为均无须获得外汇管制部门批准，相对自由。但是为了保护新币，新加坡对于非新加坡居民持有新元的规模进行了一定限制，譬如，银行向非新加坡居民提供500万新元以上规模的融资，且用于新加坡境内商业投资、债券、股票等行为时，需要事先向新加坡金融管理局（Monetary Authority of Singapore，MAS）申请；非新加坡居民在新加坡境内获得的超过500万新元的贷款或发行的超过500万新元的股票和债券，如果该融资所得资金需要汇出境外，则必须转换成等值外币或外币掉期。

此外，新加坡作为重要的国际离岸投资中心，新加坡金融管理局对于反洗钱和预防恐怖主义的监管非常严格，监管对象主要是商业银行、资本市场中介、财务顾问等金融机构，同时，地产代理和销售人员、赌场经营者、法律和会计专业从业人员等指定行业人员也参照适用于金融机构的反洗钱规定进行管理。受监管的机构的主要义务包括定期进行风险评估、对客户进行尽职调查、保持交易记录、及时报告可疑交易以及采取其他内控措施和程序。任何不遵守新加坡金融管理局发布的反洗钱指示或规定的金融机构或指定行业将被处以最高100万新币的罚款，如果违法行为未得到及时改正，在违法行为终止前，还可能被处以每天10万新币的罚款。

三、新加坡投资的法律形式和投资流程

（一）新加坡投资的主要法律形式

外国投资者在新加坡进行投资的形式包括直接投资和间接投资两种，其中直接投资包括设立新的法人实体、对现有法人实体进行出资或收购、与其他当地或外国投资者签订商业合作合同等。间接投资的形式主要是通过证券交易所购买有价证券、通过证券投资基金或其他金融机构进行投资。

就新设法人实体而言，新加坡为外国投资者提供了多元的商业实体类型，以充分满足不同投资者的投资需求和商业需要，包括代表处、分公司、个人独资企业，以及多种类型的有限责任公司和合伙企业等，投资者在进行选择时，应结合拟投资金总额、企业股东人数和业务开展类型等选择适当的法律形式。

1. 代表处（Representative Office，RO）

代表处是海外公司在新加坡设立的临时机构，其活动范围有限，仅能代表总公司进行市场调研或者其他协调工作，不能从事任何商业性活动，也不能在新加坡境内获得任何收入。代表处必须任命1名首席代表，但是对于首席代表的国籍没有限制。实践中，代表处形式比较适合在新加坡设立临时机构进行研究并担任联络处的外国公司，代表处的有效期为3年。

2. 分公司（Branch）

海外公司在新加坡设立的分公司被视为总公司的延伸，是总公司在新加坡设立的分支机构，由总公司对分公司承担无限责任。分公司必须至少有1位常驻新加坡的代表。分公司的业务范围与总公司一致，因此有利于已经具有一定规模的公司在新加坡快速开展业务，但需要向新加坡提交该分支机构及其总公司的审计报告。实践中，分公司形式比较适合有意在海外拓展市场的基建公司，在海外竞标的工程公司，大型企业

海外运维中心等。

3. 个人独资企业(Sole Proprietorship)

个人独资企业并不是独立的法律实体,由个人设立,并由设立者对其所有债务承担无限连带责任。个人独资企业主要面向年满18周岁的新加坡居民或持有新加坡永久居留许可证的人员,如果设立者并不居住在新加坡,则必须任命1名经常居住地在新加坡的居民作为其授权代表。如果外国投资者想要管理个人独资企业的运营,则必须在个人独资企业注册后,向新加坡人力部(Ministry of Manpower, MOM)申请获得批准。

4. 公司(Company)

新加坡的公司形式主要可分为豁免私人公司、私人有限公司和公众有限公司。所有类型的公司都需要有1名常驻新加坡的法定秘书和至少1名年满18周岁的新加坡常驻居民作为董事,新加坡常驻居民包括新加坡公民、新加坡永久居民及新加坡创业准证(EntrePass)持有者。新加坡创业准证可由符合条件的外国投资者在注册设立公司之前向新加坡会计和企业管制局(Accounting and Corporate Regulatory Authority, ACRA)提出申请,或公司注册设立完成后6个月内向新加坡人力部提出申请。因此,外国投资者也可以通过申请成为合格的董事任职主体。

(1)豁免私人公司(Exempt Private Company)

根据《新加坡公司法》的规定,豁免私人公司是指:

①成员不超过20人的私人公司;

②股东中不包含任何法人团体或其他法人且其股份不由任何公司直接或间接持有的私人公司;或者

③由政府全资拥有并经新加坡总理按照特定程序宣告为豁免私人公司的私人公司。

豁免私人公司的股东的身份无须公开,且股东仅以其出资额为限对公司负债承担有限责任。豁免私人公司最少可由1名股东设立,在注册时必须足额缴纳至少1新币的实收资本。

与私人有限公司相比,豁免私人公司无须委任审计师对其账目进行审计，亦无须出具审计师报告，而仅须提供财务报表，公司的运营成本更低。外国人可以持有豁免私人公司的全部股份，初创公司还能够获得3年的公司税豁免，并享受灵活的金融贷款，因此豁免私人公司成为近年来外国投资者在新加坡进行投资时最常选择的法律形式。

与其他公司形式一样，豁免私人公司需要至少1名当地居民担任董事，所有其他董事都可以是不居住在新加坡的外国居民。因此，在组建豁免私人公司的董事会时，应当任命2名或以上的外国董事，以在公司重要决议和事项上获得控制权。

(2)私人有限公司(Private Company)

私人有限公司是新加坡最主要的公司类型，股东人数不超过50人，公司资本只能向股东募集，股东通常必须获董事会批准才可转让股份，股份可以全部或部分转让。作为独立的法人实体，私人有限公司的股东对公司负有有限责任。只要股份已付清，则成员/股东对公司债权人没有其他义务，他们的个人资产受到保护。

私人有限公司的股东可以是自然人或法人实体，允许外国个人或公司投资者全资拥有，并可以设立为地区控股公司或外国控股公司的子公司。

(3)公众有限公司(Public Company Limited by Shares)

公众有限公司的股东可以是个人或公司，股东总人数可在50人以上。在向新加坡会计和企业管制局呈交发股计划书后，公众有限公司可发行股票或债券向大众筹募资金，所发行的股票或债券可以自由转让。在取得新加坡证券交易所(Singapore Exchange Limited, SGX)的批准后，其股票可上市挂牌买卖。

根据新加坡证券交易所的规定，上市企业的董事会中必须至少有2名独立且与公司没有任何重大业务或财务联系的非执行董事，独立董事至少应占公司董事会人数的三分之一。在董事长为公司行政总裁或首席执行官的直系亲属的情况下，独立董事应至少占公司董事会人数的二分之一。

(4)公共担保有限公司(Public Company Limited by Guarantee)

公共担保有限公司具有独立法人资格,主要作为一种非营利目的的商业实体,从事非交易型慈善、宗教、科学或艺术活动。公共担保有限公司没有股本,各成员的责任仅限于他们在公司清盘时承诺为公司资产贡献的金额,该金额应在公司章程中规定。

5. 合伙企业(Partnership)

新加坡的合伙企业可分为普通合伙企业、有限合伙企业和有限责任合伙企业。任何外国投资者如果希望管理新加坡合伙企业,均需获得新加坡人力部的批准。

(1)普通合伙企业(General Partnership,GP)

普通合伙企业是由 2 名以上普通合伙人为了实现商业目的而设立的组织,由 2 名至 20 名普通合伙人组成,需要注意的是,合伙人人数不得超过 20 人,否则应当根据新加坡公司法注册为公司。普通合伙企业不是独立的法人实体,因此每一合伙人均需对合伙企业的债务承担无限连带责任。

根据新加坡法律,除了由专业人员组成的普通合伙企业外,普通合伙企业主要面向年满 18 周岁的新加坡居民或持有新加坡永久居留许可证的人员,如果合伙人并不居住在新加坡,则必须任命 1 名经常居住地在新加坡的居民作为其授权代表。

(2)有限合伙企业(Limited Partnership,LP)

有限合伙企业由 2 名以上合伙人组成,至少需有 1 名普通合伙人和 1 名有限合伙人,有限合伙企业的合伙人人数无上限。与普通合伙企业一样,有限合伙企业也不是独立的法人实体,因此普通合伙人需对有限合伙企业的债务承担无限责任,而有限合伙人则仅就其在有限合伙企业的出资额承担有限责任。

有限合伙企业的合伙人可以是年满 18 周岁的个人或实体(公司或有限责任合伙企业),但是,如果所有的普通合伙人均不居住在新加坡,则他们必须任命 1 名经常居住地在新加坡的居民作为其当地经理或普通合伙人。

(3)有限责任合伙企业(Limited Liability Partnership,LLP)

有限责任合伙企业由2名以上合伙人组成,其中至少有1名普通合伙人和1名有限合伙人,合伙人人数无上限。有限责任合伙企业被视为独立的法人实体,任何合伙人的变动都不会影响有限责任合伙企业的存续、权利或法律责任。所有合伙人均对有限责任合伙企业的债务承担有限责任,责任范围为其过错所造成的损失部分,无须为其他合伙人对有限责任合伙企业造成的损失或债务承担责任。

有限责任合伙企业的合伙人可以是年满18周岁的个人或实体(公司或有限责任合伙企业),但是必须有至少1名经理经常居住地在新加坡。

6. 可变资本公司(Variable Capital Companies,VCC)

可变资本公司是由新加坡金融管理局和新加坡会计和企业管制局于2020年公布的一种新的法律形式,专门针对以投资基金为代表的集体投资计划(Collective Investment Scheme,CIS),可适用于独立集合投资计划,也可用于具有多个子基金的伞型集合投资计划。作为新加坡公司实体,可变资本公司能够成为新加坡税务居民企业,也可加入新加坡的租税协定,这有助于投资者履行其纳税义务。①

与普通公司相比,可变资本公司由成员(Member)即股东(Shareholders)组成,成员名单无须向社会披露,成员人数无上限限制。VCC具有独立的法人资格,因此其成员仅需承担有限责任,在解散清算时缴付额以未缴股款为限。董事会负责VCC的运营。

对于外国投资者而言,可变资本公司必须有1名常驻新加坡的持牌或受规管的基金管理人管理,且公司注册办事处必须位于新加坡,并且必须在注册成立后6个月内委任1名常驻新加坡的公司秘书。此外,新加坡为外国公司在新加坡注册可变资本公司提供了便利,在境外公司法

① 参见《新加坡可变资本公司(VCC)法律概览》,载Sabara law网,https://www.sabaralaw.com.sg/content/dam/assets/sx/Documents/tax/sx-tax-a-legal-overview-of-the-singapore-variable-capital-company-chinese-version.pdf。

允许的情况下,外国公司实体可以迁册到新加坡,而新加坡本地公司尚没有明确机制可转换为可变资本公司。

(二)投资程序

根据新加坡法律,不同的投资形式需要办理不同的许可程序。

1. 新设实体

在新加坡设立公司的流程极为简便,多数公司仅需于新加坡会计和企业管制局进行注册登记,特殊行业的公司还需申请相应执照。

(1)新加坡会计和企业管制局注册

根据《新加坡商业名称注册法》的规定,除了该法第 4 条规定的情形外,任何在新加坡进行商业活动的个人或机构,都需要在新加坡会计和企业管制局进行注册登记,以获得唯一实体编号(Unique Entity Number,UEN)。

新加坡会计和企业管制局注册的本意是帮助交易者识别交易对象的所有者信息及业务信息,降低交易风险,因此《新加坡商业名称注册法案》第 4 条规定的无须注册的情形主要包括:任何仅以其全名经营业务的个体经营者、根据公共法案为公共目的设立的任何法定机构等交易对手能够直接识别该实体所有权信息的情况。为了鼓励企业进行注册,在新加坡会计和企业管制局完成注册的企业将能够参与政府招标并获得新的产品和技术,申请获得新加坡企业发展局提供的政府资助。同时,根据新加坡法律,所有公司都需要在商业信函、账户报表、发票、正式通知和其他信函中包含其公司名称和唯一实体编号。①

已经向新加坡人力资源部申请并获得创业准证的外国人可以直接在新加坡会计和企业管制局系统(Bizfile +)完成注册申请,注册流程通常可以在 14 个工作日内办结。申请人在 Bizfile + 进行注册申请的,通常流程如下。②

---

① 参见 Guide to Setting Up Your Business in Singapore,载 EDB Singapore 网,https://www.edb.gov.sg/en/setting-up-in-singapore/business-guides/setting-up-in-singapore-guide.html。

② 参见 Setting Up a Local Company,载 Accounting and Corporate Regulatory Authority 网,https://www.acra.gov.sg/how-to-guides/setting-up-a-local-company。

①需要提交名称申请，并根据新加坡标准工业分类代码（Singapore Standard Industrial Classification，SSIC）添加对于企业业务活动类型的描述。新加坡会计和企业管制局以及其他企业业务活动所涉及的主管部门将一并对企业名称进行审查和批准，比如，房地产代理机构委员会（Council for Estate Agencies，CEA）将对房地产代理机构的企业名称进行审核。

②登记基本信息。在名称申请获得批准后，申请人应于120日内完成公司注册，包括确定公司股份，委任公司股东、董事和公司秘书等管理人员，决定财政年度结算日期，登记办公地址等。

③高管确认任职。最后，在公司成立申请获得批准后，Bizfile+将向上述受委任的管理人员发送一封电子邮件，以请求他们对公司成立及任职事宜的认可，公司需要敦促这些指定管理人员在收到电子邮件之日起60日内在Bizfile+中接受他们的任职，否则公司注册申请将会失效。

目前，尚未获得创业准证的外国人无法自行通过新加坡会计和企业管制局系统提交注册申请，需要聘请律师事务所、会计师事务所或秘书公司等代理机构代为提交在线申请。

在新加坡会计和企业管制局完成注册的企业还需在存续期内向新加坡会计和企业管制局履行信息报告义务以维护其登记信息。任何有关受益所有人、董事、秘书、审计师和首席执行官等信息发生变更时，必须在该等变化发生之日起14日内通过Bizfile+完成信息变更。公司股东或股本发生变化的，也需要通过Bizfile+提交相应股份交易细节。

（2）特殊行业的执照申领

就部分特殊行业，除了需要在新加坡会计和企业管制局进行注册外，可能还需要符合法律形式的要求，并需取得相应政府部门发放的执照。新加坡对特殊行业的执照及许可要求主要如表9－2所示。

表 9－2 新加坡对特殊行业法律形式及执照的要求

行业	项目类别及法律形式要求	主管单位及执照要求
银行与金融服务业	商业银行、证券银行(或其代办处)、金融公司、证券交易商、投资顾问公司与资金管理、期货交易、货币兑换与汇款、信用卡业务、保险业(代理、经纪、代办)	须取得新加坡金融管理局之营业许可执照、交易执照、投资顾问执照或经纪执照。
旅行社	由实收资本额不低于 10 万新元的股份有限公司运营	须取得新加坡旅游促进局发放的旅行社执照。
录像带摄制与出租业	由实收资本不低于 10 万新元的股份有限公司经营	须取得新闻通讯及艺术部电影检查局发放的执照。

(3)代表处的设立

除公司设立外,如果海外企业希望在新加坡境内注册仅用于市场测试或调研活动的代表处,则应根据行业类型向不同政府机关进行申报。具体而言,银行、财务和保险领域的企业应向新加坡金融管理局申报;法律领域的企业应向法律服务管理机构申报;制造业、国际贸易等其他产业应向新加坡企业发展局进行申报。

2. 收购现有新加坡公司的股权

《新加坡重大投资审查法》对涉及指定实体的交易引入了额外的通知/批准要求,并规范了新加坡的合并控制和其他监管备案,尽管新加坡并未公布最初的指定实体清单,但随着《新加坡重大投资审查法》的逐步实施,将会对海外投资者带来更多的不确定性。

对于特定行业而言,如收购广播、新闻媒体公司,应当符合《广播法令》《报业和印刷法令》对股东持股比例的限制性规定,涉及上市公众公司、上市注册商业信托和房地产投资信托的,还应当遵守《新加坡收购与兼并规则》(Singapore Code on Take-overs and Mergers)的规定。《新加坡收购与兼并规则》对上市企业收购前的尽职调查、保密、禁止内幕交易,谈判中的要约和公开招投标,以及收购完成后的强制收购小股东股份、退市等各环节进行了全面的规定,违反《新加坡收购与兼并规则》可能受到新加坡证券业委员会(Securities Industry Council,SIC)的公开谴责,甚至被暂时或永久剥夺参与证券市场的资格。

此外,对于企业而言,如果参与股权收购的相关方达到一定规模可能触发经营者集中申报。根据《新加坡竞争法》,通常禁止导致或可能导致新加坡任何相关市场内商品或服务竞争大幅减少的合并。根据新加坡竞争与消费者委员会(Competition and Consumer Commission of Singapore,CCCS)发布的指南,通常而言,预期的合并或经营者集中通常不会导致竞争问题,除非其符合下列条件之一:

(1)参与合并的实体市场份额为40%或以上;

(2)参与合并的实体市场份额为20%至40%,并且其合并前的市场集中度(Concentration Rate,CR)为70%以上。而CR3是CCCS用于衡量相关市场集中程度的指标,指相关市场中前三大供应商所占有的总市场份额。

同时,新加坡竞争与消费者委员会引入了指示性营业额阈值,在该阈值范围内更有可能因其合并情况受到调查,该等阈值为:

(1)至少一方交易前一个财政年度在新加坡的营业额(即在新加坡登记的营业额以及新加坡客户的营业额)超过500新元;

(2)交易前一个财政年度各方的全球总营业额超过5000万新元。

新加坡对于经营者集中采取自愿申报的方式,参与合并的任何一方均可提起申报,并应当在提起申报后告知参与合并的其他各方。收到自愿申报的材料后,新加坡竞争与消费者委员会将开展第一阶段的审查,这一阶段通常需要30个工作日,在特殊情况下,新加坡竞争与消费者委员会可能会书面通知当事人将审查期限延长30个工作日。如果新加坡竞争与消费者委员会在第一阶段无法确认该等合并对竞争产生的影响,将会进行第二阶段审查,第二阶段的审查通常需要120个工作日。

合并各方没有义务在完成申报前暂停合并,但是如果新加坡竞争与消费者委员会在审核过程中有合理理由怀疑该等经营者集中可能损害市场竞争,将随时发布临时指令暂停该等合并。新加坡竞争与消费者委员会也可能向经营者传达其对于合并可能产生的竞争损害的担忧,经营者可以提出预防补救方案,或就减轻反竞争问题作出承诺,以有助于通过审核。由于采取自愿申报的方式,因此未能及时申报的企业并不会受到处罚,但是如果新加坡竞争与消费者委员会审核后认为经营者由于故意或存在过失而导致该等合并不符合《新加坡竞争法》规定,将对参与集中的竞争者每年的侵权行为处以不超过该企业在新加坡业务营业额10%的罚款,最长可达3年,并可进一步要求经营者按照新加坡竞争与消费者委员会指示的方式处置股份、资产或业务。

3. 收购现有新加坡公司的资产

新加坡法律对于外国投资者收购当地资产基本没有限制性规定,外国投资者可以相对自由地购买新加坡资产。不过,住宅物业仅允许新加坡居民购买。

在资产转让过程中涉及货物等动产的,通常不需要具体行为或文件,而通过转让占有实现所有权转移;但涉及土地、私人有限公司的股份、专利和注册商标等特定资产的,应当向相关公共登记处提交转让文件。

4. 执行商业合作合同

外国投资者通过与当地合作伙伴签订商业合作合同开展投资所面临的限制也较少,无须履行特别的申报程序。

但是,为了防止企业间横向合作可能对市场竞争造成的负面影响,2022年1月,新加坡竞争与消费者委员会出台了《商业合作指导说明》(Business Collaboration Guidance Note),将企业间开展商业合作的方式概括为:(1)信息共享(Information Sharing);(2)联合生产(Joint Production);(3)联合商业化(Joint Commercialization);(4)联合采购(Joint Purchasing);(5)研究与开发(Research and Development);(6)标准的制定(Standards Development);(7)协议标准条款与条件(Standard Terms and Conditions in Contracts)。并提示企业在开展相应商业合作过程中可能产生的违反《新加坡竞争法》的风险。① 《商业合作指导说明》

① 参见 Business Collaboration Guidance Note, 载 Singaporean Competition & Consumer Commission 网, https://www.cccs.gov.sg/legislation/competition-act/business-collaboration-guidance-note。

中提到的竞争限制行为类型可参见表9－3。

表9－3　新加坡《商业合作指导说明》中的竞争限制行为

合作方式	违规风险	合规要求
信息共享	信息共享妨碍独立的竞争决策	• 信息是公开的，与价格等影响竞争的因素无关； • 信息是历史性、汇总的，不属于个别企业； • 相关市场的竞争者频繁进入和退出
联合生产	通过联合生产协议促进市场共享、操纵投标、限制产量	• 合作不会造成操纵价格、限制产量和市场共享； • 合作企业没有市场控制力； • 合作不会导致合作企业承担很大比例的共同成本； • 合作不会引起信息共享的担忧； • 扩大生产的分包协议优于互惠或单向分包协议
联合商业化	限制各方独立决策，使各方怠于竞争	• 合作不会造成操纵价格、限制产量和市场共享； • 合作企业没有市场控制力； • 广告、促销、售后服务的联合商业化对竞争的负面影响小于销售联合
联合采购	限制竞争者获得供应，控制市场竞争	• 合作的企业在采购市场中没有购买力，或在销售市场中没有控制力（总市场占有率低于20%）； • 采购市场供应量充裕，其他竞争的采购商能继续从供应商处获得货源
研究与开发	市场上潜在的小企业被清除	• 合作企业不是实际或潜在的竞争者，或合作不会清除市场上相对独立的小企业； • 合作研发的是新产品或技术，而竞争的创新企业正在进行多个可行的替代研发项目
标准制定	排斥创新、存在歧视标准	• 标准制定的过程透明、客观，不歧视利益相关者； • 通过执照或许可公平地允许企业获取标准； • 市场上已有相应替代竞争标准
协议的标准条款与条件	标准条款锁定商品或价格	• 标准条款的数量是否符合相应规定，辅助条款是否具有特殊性； • 标准条款是否具有替代方案； • 企业是否可以选择不执行标准条款

四、投资路径的选择考量

（一）独资，抑或合资

如果外国投资者仅希望在新加坡开展有限的活动，可以选择设立代表处或分公司，但如果外国投资者希望长期开展业务，则需考虑是否设立公司或合伙企业等活动范围更广泛的当地实体。

根据新加坡法律，合伙企业与有限公司的登记注册程序基本相同，但是在征税和法律责任承担方面有一些区别。合伙企业的合伙人以其在合伙企业收入中所占份额按照个人所得税税率缴税，如果合伙人是公司，则按照公司税率征税，且普通合伙人可能因合伙企业的纠纷而被单独提起诉讼。有限公司则统一以公司名义报税，纳税总金额是公司及其所有独资子公司的总营业额，且仅以公司名义应诉。由于有限公司在税收和责任承担上的便捷性，目前豁免私人公司和私人有限公司是外国投资者选择的主要形式。

在确定法律形式的基础上，投资者须进一步考虑是否采取合资的方式开展业务，由于新加坡对外商投资的限制较少，投资者主要可以从土地使用需求和投资行业的角度考虑是否需要采取合资的方式：

（1）是否有土地需求。虽然外国投资者可以参与大部分商业地产和工业地产的交易，但是在住宅领域的投资行为仍受到限制，因此如投资者有意向购买新加坡住宅土地，则应当选择合资的方式开展投资。

（2）是否存在行业进入障碍。新加坡对于外商投资的限制性规定较少，但是在广播、印刷媒体等行业仍存在股权限制，电信、能源等领域的行业进入门槛也较高，因此，如投资者意图在这些领域开展投资，采取合资的方式往往更利于项目开展。

需要注意的是，根据《新加坡公司法》的规定，如果某公司的董事在该公司拥有20%或以上的权益，则该公司不得向另一家关联公司提供贷款或为另一家关联公司获得的贷款提供担保。因此，如果外国投资者最终选择设立合资公司，则需要考虑高管的任免，以免未来面临融资贷款方面的阻碍。同时，设立合资公司涉及多个经营者的也需要按照《新加坡竞争法》就可能对市场商品或服务竞争产生影响的行为完成相应的自愿申报流程。

（二）股权收购，抑或资产收购

根据新加坡法律，收购新加坡境内的非上市公司可以采用股权收购和资产收购两种方式。对于收购的操作流程，并没有严格的程序要求，由企业自行选聘财务、会计、律师等专业人员并就交易内容进行商谈，但应当在交易完成后 14 天内通知新加坡会计和企业管制局相关信息变化情况。实践中，外国投资者可以综合考量商业目的、目标企业的资产和负债情况、经济效益和或有负债等情况，选择合适的收购方式。

1. 股权收购

股权收购仅涉及目标公司的股份所有权的转移，相对较为便利，与资产收购相比，在以下方面具有优势：

（1）流程简单。除涉及经营者集中和上市公司等特殊情况外，股权收购通常无须向政府部门事先申请批准或就个别资产进行单独转让，所涉及的尽职调查时间也相对较短。

（2）税收较低。股权收购仅需按照购买价格或股权净值（以两者中较高者为准）缴纳印花税，税率通常低于资产收购时适用的商品和服务税率。

（3）保证业务连续性。股权收购能够最大限度地保留目标公司持有的牌照，并继续履行已经缔结的合同，不会对公司现有业务造成重大干扰。

需要注意的是，随着 SIRA 的实施及相关指定实体的公布，投资者应密切关注新的投资审查制度对其拟议交易的影响。从并购的角度来看，收购方（包括直接和间接）可能需要积极考虑对指定实体清单进行尽职调查，以确定目标是不是指定实体以及是否可以扩展到任何附属公司或子公司。如是，则交易文件必须确保适当包含相关通知或批准要求。此外，鉴于交易可能在完成后取消的风险，部长审查交易的权力也可能让投资者感到不安，因为该等审查可能使投资者承担交易等活动产生的沉没成本。

此外，针对新加坡金融机构超过 5%、12% 或 20% 的特定门槛的任何其他有表决权股份的收购,需要获得新加坡金融管理局主管部长的批准。并且,股权收购将概括性地继受目标公司原有的全部债权债务,且无法对目标公司的资产进行有选择的收购。

2. 资产收购

在某些情况下,投资者可能倾向于对目标公司的特定资产进行收购,资产收购主要具有以下优势:

(1)内部审批程序简单。资产收购通常无须像股权收购一样受到优先购买权限制,或须事先取得公司多数股东的同意。

(2)选择性收购。由于潜在的负债问题和为税务折旧目的重新确定资产价值,投资者可能更倾向于采用资产收购的方式以规避潜在的历史负债。

(3)担保的便利性。根据新加坡法律规定,被收购的私人公司资产上存在担保的,该资产仍可被授予放款人。

需要注意的是,在新加坡,采取资产收购的方式并不能避免劳动纠纷。尽管新加坡法律没有规定收购资产时负债的自动转移,但是根据《新加坡雇佣法》的规定,在资产或出售业务中,受让人的某些雇员可能会自动转让给转让方,相关劳动合同中的权利和义务将一并转让。因此,投资者如果选择资产收购,仍需要考虑相关雇员的安置事项,并应事先考虑由于资产或业务转让可能导致的劳动纠纷。

此外,资产收购所需缴纳的税项根据资产类型的不同也有不同要求。对于买方而言,在转让非住宅不动产时,需按照交易标的总额递进式缴纳1% ~3%不等的印花税税率,其他资产则可能需要缴纳7%的商品和服务税。对于卖方而言,处置资产所得的收益需缴纳所得税,如果出售的是持有4年以上的住宅地产或工业用地,卖方可能也需要缴纳印花税。

五、新加坡作为SPV的选择地

(一)在新加坡设立SPV的优势

很多跨国企业在开展业务投资时往往会将离岸特殊目的载体(Special Purpose Vehicle,SPV)作为海外投资的中转站以享受税收等方面的优惠政策,设立 SPV 对外国投资者而言有以下优势:(1)纳税筹划,SPV 设立地对股权转让等业务的税率通常较低或免征;(2)方便管理,股东可以通过处置 SPV 的股权与多个不同类型的投资者灵活沟通;(3)灵活退出,通过转让 SPV 实现从当地业务中退出;(4)风险隔离,通过设立 SPV 隔离母公司对当地业务的直接责任;(5)税收减免,SPV 可以享受新加坡免征商品和服务税的税收优惠,并利用新加坡与其他国家和地区广泛的税收优惠政策;(6)融资便利,新加坡没有外汇管制或股权收购的特别限制,通过 SPV 进行融资及股权转让较为便利;(7)法律保护完善,《新加坡公司法》等法律关于一般公司的规定,同样适用于 SPV。

(二)在新加坡设立 SPV 的方式及注意事项

投资者在新加坡设立 SPV 时,往往会采取有限公司或有限责任合伙的形式,其中,有限公司虽然日常报告及合规义务更高,但是股东能够通过转让的方式处置对公司股权/股票的所有权,因此对于投资者而言更便利。

由于新加坡目前尚未接受实质性合并(Substantive Consolidation),SPV 仍被视为独立的法人主体,因此投资者应当尽量保证 SPV 的活动与实际开展业务的实体分开,SPV 的资产与实际开展业务的实体资产分离,SPV 拥有独立董事并编制经审计的独立账目。但是,如果 SPV 是由在新加坡上市的新加坡公司设立,则在该公司对 SPV 有控制权且能通过 SPV 获得一定经济回报时,应当于其财务报表中一并披露 SPV 的资产和负债情况。

此外,需要注意的是,如果外国投资者原本已经计划在新加坡设立开展实际业务的实体,则在新加坡另行设立 SPV 可能会给投资者增加额外成本:一方面,设立新加坡 SPV 将产生一定的运营费用;另一方面,如果新加坡控股公司在新加坡又投资设立公司,则可能因为无法满足新加坡海外股息免税的条件而产生额外的所得税负担。

六、中国企业赴新加坡投资的法律建议

新加坡是东南亚地区最吸引外商投资的国家和地区之一,其营商环

境良好,税负较低、政治稳定、政策透明,外商投资面临的不确定性和风险较小,特别是在银行和金融、资产管理、保险等领域吸引了大量外资。但同时新加坡法律和投资监管制度具有自身独特性,中国投资者如果最终决定前往新加坡投资,应注意采取必要的风险防范措施。具体建议如下。

(一)熟悉新加坡法律规范

新加坡对于外商投资的限制性规定相对较少,但是对于企业经营的合规要求较高,中国投资者在对新加坡进行投资前,应当具备对新加坡投资法律环境的基本认识,包括:

1. 了解新加坡外商投资限制性行业。如新出台的新加坡国家安全审查制度,以及在新加坡特定领域投资(如广播、媒体、电信等领域)可能面临的法律限制或行业壁垒,投资者应具体判断国家安全审查风险及投资的具体领域所面临的市场准入障碍。

2. 了解新加坡企业运行合规要求。新加坡会计和企业管制局等监管机构对企业财税信息披露和存续状态报告的要求较高,例如所有在新加坡注册的公司必须保留至少 5 个财政年度的有效账务目录和交易记录,企业应当事先了解相关规定以降低违规风险。

3. 了解新加坡的劳动用工规定。新加坡的工会组织较为发达,比如工会可能代表劳动者与公司就福利政策、薪资待遇等进行谈判。

(二)了解新加坡投资激励政策

新加坡针对不同行业的投资激励政策丰富,并且外商可以同等享受。如针对基金行业,新加坡企业发展局对基金和合伙企业提供了税收优惠、离岸基金激励计划等专项激励计划;而针对科技型企业,新加坡企业发展局提供了企业研究优惠计划、公司培训补助金等补贴项目;针对能源企业,新加坡能源市场管理局、经济发展局和环境局共同推出了能源效率方案计划,为企业提供能源资源效率补助金。外资企业在投资初期充分了解并运用这些激励计划,有助于减轻投资者的融资压力,加快项目落地。

（三）聘请专业法律团队

新加坡是法治社会，社会运行各方面的法律制度和规定较为完善，政府严厉打击贿赂、虚报谎报材料等违法行为，公民法律意识较强，高度重视商业信用并严格依照合同行事。因此中国投资者在对新加坡进行投资时，应当及早选择专业团队开展尽职调查，严格细致地商定设立文件和交易文件条款，并根据业务领域申请获得相应执照或行政许可，以保障海外投资的成功开展。

第十章　东盟十国投资之印度尼西亚篇

2020 年以来，印度尼西亚（以下简称印尼）政府颁布和修改《印度尼西亚综合性创造就业法》（以下简称《印尼创造就业法》）和《印度尼西亚投资法》（以下简称《印尼投资法》），大幅开放外商投资领域，放宽外资持股比例限制，体现出印尼政府希望大力吸引投资的态度。本章将就印尼现行外商投资政策、印尼投资的主要法律形式及投资方式作重点介绍，帮助中国企业了解印尼目前投资法规情况，并建议投资者在作出投资决策前充分考虑拟投资领域、投资预算等要素，降低投资风险，实现商业目的。

一、印尼投资的优势

印尼因其稳定的政治环境、丰富的自然资源、持续向好的经济发展前景、丰富和廉价的劳动力成本、广阔的市场和日益增强的消费需求，为外国投资者带来投资机遇，继续吸引外资涌入。印尼投资协调委员会（Badan Koordinasi Penanaman Modal，BKPM）数据显示，2023 年印尼外商直接投资（FDI）总额达 744 万亿印尼盾（合 473.4 亿美元），同比增长 13.7%。从投资来源地来看，新加坡、中国是 2023 年最大的 FDI 来源地。据中国商务部统计，2022 年，中国对印尼直接投资流量 45.5 亿美元。就中国和印尼双边贸易而言，2022 年，中国和印尼贸易额 1490.9 亿美元，同比增长 19.8%。其中，中国对印尼出口 713.2 亿美元，同比增长 17.8%；自印尼进口 777.7 亿美元，同比下降 21.7%。[①]

从国内政策角度看，印尼通过逐步取消或放宽更多投资领域限制、

① 参见《2022 年中国—印度尼西亚经贸合作简况》，载中华人民共和国商务部网，http://www.mofcom.gov.cn/article/tongjiziliao/sjtj/yzzggb/202312/20231203463471.shtml。

完善投资“一站式”服务、推动税收优惠等方式，不断改进本国投资环境，促进并吸引外商投资。印尼颁布《印尼投资法》（2007 年第 25 号法案）规范外商投资活动，对在印尼进行投资的法律形式、投资待遇、经营领域、投资者权利义务和责任以及投资鼓励政策等方面作出了规定。印尼工业部、财政部出台税收优惠，以外商投资企业自用设备免征进口关税、出口产品的原材料实行退税、特定行业和大规模投资所得税减免等方式，吸引外商投资。为吸引和便利外商投资，印尼于 2020 年 11 月出台《印尼创造就业法》，对《印尼投资法》进行修订。根据《印尼创造就业法》要求，印尼于 2021 年 3 月推出《印尼投资法》配套的《关于投资清单的 2021 年第 10 号总统条例》（Presidential Regulation No. 10 of 2021 on Investment Business Lines, PR 10/2021）（以下简称《新投资清单》），列明“优先发展的行业”，取代原有的投资负面清单，在重点投资领域取消或放宽股权比例等对外商投资限制。《印尼创造就业法》和《新投资清单》的颁布代表了印尼市场进一步开放的趋势，也意味着印尼外商投资法律制度将更加复杂。不过，值得注意的是，由于印尼宪法法院（Constitutional Court of the Republic of Indonesia, MKRI）通过第 91/PUU-XⅧ/2020 号法规，称《印尼创造就业法》涉及违宪并应立即废除。为了及时解决此问题，印尼政府又颁布了 2022 第 2 号法规（GR 2/2022）进行替代，之后印尼众议院颁布 2023 年第 6 号法律《政府条例代替 2022 年第 2 号法律〈创造就业法〉成为法律的规定》（6 of 2023 on the Stipulation of Government Regulation in Lieu of Law No. 2 of 2022 on Job Creation to Become Law，以下简称《印尼综合法》），完全吸收了《印尼创造就业法》内容且未作改变。①

从对外合作角度看，截至目前，印尼共有 26 项生效的双边投资条约（Bilateral Investment Treaties, BITs）、22 个带有投资条款的多边协定

① 参见 Indonesia：Job Creation Regulation Becomes Law with Issuance of Law No. 6 of 2023，载 SSEK Law Firm 网，https://ssek.com/blog/indonesia-job-creation-regulation-becomes-law-with-issuance-of-law-no-6-of-2023/。

(Treaties with Investment Provisions, TIPs)。其中,多边协定包括:于2009年2月27日签署的《东盟—澳大利亚—新西兰自由贸易协定》(ASEAN-Australia-New Zealand Free Trade Area, AANZFTA),于2009年6月2日签署的《东盟—韩国自由贸易协定》(ASEAN-Korea Free Trade Agreement, AKFTA),于2009年8月15日签署的《东盟—中国自由贸易协定》(ASEAN-China Free Trade Agreement, ACFTA),于2014年11月12日签署了《东盟—印度自由贸易协定》(ASEAN-India Free Trade Agreement, AIFTA),于2019年3月4日签署的《澳大利亚—印尼全面经济伙伴关系协定》(Australia-Indonesia Comprehensive Economic Partnership Agreement, AI-CEPA),于2020年11月15日签署的《区域全面经济伙伴关系协定》(Regional Comprehensive Economic Partnership, RCEP),于2020年12月18日签署的《印尼—韩国全面经济伙伴关系协定》(Indonesia-Korea Comprehensive Economic Partnership Agreement, IK-CEPA)。截至目前,印尼正在谈判的自由贸易区协定有《印尼—欧盟全面经济伙伴关系协定》(Indonesia-European Union Comprehensive Economic Partnership Agreement, IEU-CEPA),《印尼—土耳其全面经济伙伴关系协定》(Indonesia-Turkey Comprehensive Economic Partnership Agreement, IT-CEPA)等。①

二、印尼对外商投资的限制

(一)外国投资项目需取得许可

在印尼,负责外商投资监管的主要政府部门是投资部(原投资协调委员会, Indonesian Investment Coordinating Board, BKPM)、财政部、能矿部。2021年4月,投资协调委员会升格为投资部。

根据《印尼创造就业法》及配套的《关于实施基于风险的许可制度2021年第5号政府条例(GR 5/2021)》(Indonesia government Regulation

① 参见 International Investment Agreements Navigator: Indonesia, 载 UNCTAD 网, https://investmentpolicy. unctad. org/international-investment-agreements/countries/97/indon esia? type = tips。

No. 5 of 2021 on the Implementation of Risk-Based Licensing)，印尼引入了基于业务活动带来的对健康、安全、环境和资源利用率等方面的风险和潜在风险确定的许可证制度(见表 10－1)。在基于风险的许可证制度下，并非所有业务活动都需要获得营业执照(Business License)，许可流程得以简化。

表 10－1　印尼基于风险的许可证要求清单

编号	风险类型	许可要求(在开展业务前须取得以下文件作为注册证明)
1	低风险业务活动	• 业务标识号(Business Identification Number，NIB)
2	中风险业务活动	中低风险业务活动： • 业务标识号 • 标准证书(Standards Certificate)：由申请人保证其满足所有经营活动要求 中高风险业务活动： • 业务标识号 • 标准证书：须经中央/地区政府核准
3	高风险业务活动	• 业务标识号 • 营业执照：须经中央/地区政府核准后颁发 • 标准证书

投资部自 2021 年 6 月起实施在线单次提交许可申请系统(Online Single Submission，OSS)，借助数字政务简化审批流程，加快许可审批。外国投资者在印尼设立公司需要通过 OSS 系统进行注册，以获得业务识别号及营业执照(如需要)，详细设立流程请见下文。

(二)行业准入限制

印尼外商投资活动受到《印尼投资法》、《印尼创造就业法》以及 2021 年 3 月发布的《新投资清单》的约束。《新投资清单》列明了积极投资清单，开放了运输、能源和电信等 246 个“优先发展行业”(priority sectors)，取代了原有的负面投资清单和 2016 年原《投资清单》设置的禁止或有条件开放投资的规定。[①] 除中央政府保留经营权的领域以及《印

① 参见 Ayman Falak Medina：Indonesia's Positive Investment List：Sectors Open and Restricted to Foreign Businesses，载 ASEAN Briefing 网，https://www.aseanbriefing.com/news/indonesias-positive-investment-list-and-the-sectors-open-restricted-to-foreign-businesses/。

尼投资法》第12条规定的6大领域之外,《新投资清单》对所有行业均开放投资,为投资者提供公平的商业环境,但是尽管如此,《新投资清单》中仍有部分行业禁止外商投资,仅对印尼国内投资者开放。

1. 一般行业限制

根据《印尼投资法》和《新投资清单》有关规定,禁止印尼国内外投资者投资以下6大行业。

(1)麻醉品种植和生产;

(2)赌场或任何其他形式的赌博活动;

(3)《濒危野生动植物种国际贸易公约》(Convention on International Trade in Endangered Species of Wild Fauna and Flora,CITES)附录一列明的鱼类捕捞活动;

(4)利用珊瑚或采集珊瑚用于建筑材料/石灰/钙、水族馆、纪念品/珠宝或从自然界获取近期死亡的珊瑚;

(5)化学武器制造;

(6)工业化学品和消耗臭氧层物质的生产。

同时,印尼政府基于健康、道德、文化、环境、国防、国家安全和其他国家利益的标准,可依据总统令对印尼国内与国外投资者规定禁止行业。①

2. 外商投资限制

《新投资清单》将投资产业划分为优先发展行业、外商投资限制行业、专为合作社及中小微企业保留行业、必须与合作社及中小微企业合作的行业和允许投资的行业共五大领域,具体内容如下:

(1)优先发展行业:列明了246个对投资者开放的行业,投资优先发展行业可以享受税收优惠(如企业所得税减免、进口关税优惠等)和非财政优惠(如便捷取得营业执照、提供配套基础设施、保障能源和原材料供应等)。投资者可享受企业所得税100%减免(若投资额达到5000亿印尼盾以上)或企业所得税50%减免(若投资额达到1000亿印

① 参见《印尼投资法》第12(3)条。

尼盾至 5000 亿印尼盾）。

（2）有条件开放的行业（外商投资限制行业）：列明了 37 个行业，对外商投资的限制措施包括以下任意一项：①禁止外商投资，仅对印尼国内投资者开放；②对外商开放，但设有投资限额（如外资持股比例限制为 49%）；③对外商开放，但需要特殊许可；④其他投资要求，即受到限制和严格监管，如酒精饮料控制和监管领域有单独法律法规监管。

（3）分配给或需要与合作社和微型、小型和中型企业（Micro，Small，and Medium Enterprises，MSMEs）合作的行业：共列出了 106 个行业，就分配给合作社和 MSMEs 的行业，要求有三：①不使用技术/仅使用简单技术的商业活动；②配置专业工艺流程，如劳动密集型、特殊工艺流程、传承文化遗产的商业活动；③投资额不超过 100 亿印尼盾（不包括土地和建筑物价值）的商业活动。外国投资者和印尼大型企业不得从事该行业投资活动。就需要与合作社和 MSMEs 合作的行业，主要以以下标准确定：①主要由合作社和中小微企业开展的商业活动；和②以扩大规模为目的进入供应链的业务活动。

（4）允许投资的行业：前述各项以外的其他行业对所有投资者开放，如新开放的批发业和零售业（此前为有条件开放的行业，外资持股比例受限）。但是，建议投资者关注相关部委可能针对每个业务领域发布的实施条例，以了解是否有任何额外要求。

3. 其他规定

《新投资清单》强调，其不适用于银行和金融业的投资，该等领域应遵守专门的法律规定。

《新投资清单》特别设置了外国投资者最低投资门槛，即投资于至少 100 亿印尼盾的大型企业（不含土地和建筑物价值）。该条款旨在保护中小微企业，同时为外国投资者提供了更强的法律确定性。[①]

---

① 参见 Increased Paid-up Capital Requirements for Foreign Companies，载 UNCTAD 网，https://investmentpolicy.unctad.org/investment-policy-monitor/measures/3711/increased-paid-up-capital-requirements-for-foreign-companies。

但需要注意的是，前述第 2 项“有条件开放的行业（外商投资限制行业）”条款不适用于以下情形：

（1）在经济特区开展投资，即在经济特区的科技创新行业进行外商投资，将不再适用 100 亿印尼盾投资门槛要求。

（2）通过证券交易所进行的非直接投资。

（3）根据印尼与外商所在国签署的条约，外国投资者享有更优惠的待遇。

（三）印尼的外商投资审查制度

通常，符合《印尼投资法》和《新投资清单》有关规定的外商投资活动，印尼不对其采取额外的外商投资审查。以收购为例，外国投资者依据《印尼公司法》要求，准备收购计划、发布收购公告，在公证处的见证下起草收购文件并经印尼法律人权部批准后，方可进行收购。但前提是，投资者应确保投资领域不违反《新投资清单》关于外资持股比例的限制（如有），否则印尼投资部有权拒绝该收购交易，不予通过公司注册申请，直至投资者调整收购计划至符合规定。

（四）土地使用权方面对外国投资者的限制

印尼实行土地私有，外国人或外国公司在印尼都不能拥有土地所有权，但可以拥有以下 3 种受限制的权利：建筑权，允许在土地上建筑并拥有该建筑物 30 年，并可再延期 20 年；使用权，允许为特定目的使用土地 25 年，可以再延期 20 年；开发权，允许为多种目的开发土地，如农业、渔业和畜牧业等，使用期 35 年，可再延长 25 年。外商如欲购地或租地，可直接向印尼投资部申请批准。

印尼颁布第 2/2012 号土地征用法案，该法案涉及的项目有铁路、港口、机场、道路、水坝和隧道等，随后经《印尼创造就业法》进行修订。该法案建立了市场公允价值补偿和上诉机制，明确政府会将土地用于基础设施项目的建设，通过给被征地人更合理的补偿，来获取基础设施建设用地。根据该法案，国家机构所需土地可在与权利人协商后征用，而且权利人有权直接向最高法院提出上诉，法院有义务在 74 日内解决法律纠纷。独立评审小组将对土地进行估价，土地所有人将基于土地价格以及认为因放弃土地而造成的损失得到补偿,也可进行上诉。

(五)外汇方面的注意事项

印尼货币为印尼盾。印尼实行相对自由的外汇管理制度。印尼盾可自由兑换,在资本、利润和股息的汇出方面没有外汇管制限制。根据《印尼投资法》的规定,投资者能够以外汇的形式汇出资本、利润、银行利息、股息等收入。尽管如此,投资者从印尼境内向境外转移资金时仍负有报告义务,违反报告义务可能受到警告、罚款等行政处罚。

三、印尼投资的法律形式和投资流程

(一)印尼投资的主要法律形式

外国人在印尼设立企业的形式包括有限公司(Perseroan Terbatas,PT,Limited Liability Company)和代表处(Representative Office,RO)。

其中,根据印尼法律规定,代表处不得从事任何产生利润和收益或直接销售的商业活动,其被允许从事的活动仅限于宣传或推广工作、市场研究。若投资者希望在印尼从事商业活动,则需要在印尼设立有限公司。

有限公司是外国投资者在印尼投资的主要法律形式。根据《印尼投资法》第5(2)条的规定,除非法律另有规定,外国商业投资活动应当以有限公司的形式进行,并在印尼境内注册。

根据外国人在印尼公司的持股比例,有限公司可分为外商投资公司(Perseroan Terbatas Penanaman Modal Asing,PT PMA,Foreign Direct Investment Company)和印尼本土公司(Perseroan Terbatas Penanaman Modal Dalam Negeri,PT PMDN,Domestic Investment Company)。根据《印尼投资法》规定,外国投资者计划在印尼从事商业活动的,仅能通过外商投资公司(PT PMA)的形式开展业务,同时需符合《新投资清单》投资领域和外商投资限制有关规定,且最低注册资本为100亿印尼盾。[1]

实践中,外国投资会选择设立外商投资公司或收购印尼公司的方式

---

① 参见Foreign Investment in Indonesia,载Indonesia-Investments网,https://www.indonesia-investments.com/business/foreign-investment/item5738。

来实现对印尼的投资。被收购的印尼目标公司既可以是非上市公司(PT 公司,收购流程见下文),也可以是上市公司(Perusahaan Terbuka,PT)。[①] 根据《印尼公司法》的规定,允许在印尼证券交易所上市的公司形式仅为有限公司,但并未对印尼本土公司或外商投资公司作出明确要求。2020 年 1 月,BKPM 与印尼证券交易所达成"合作备忘录",以推动位于印尼的外商投资公司尤其是中资企业在印尼上市。[②] 由此可见,外商投资公司也可以在印尼上市。

(二)投资程序

如果中国投资者投资印尼,则主要面临的印尼审批机关是印尼投资部与法律和人权部(Ministry of Law and Human Rights,MOLHR)。其中投资部主管外商投资事项,中国投资者在印尼设立的公司、合资公司、拟收购印尼公司部分或全部股权的合资公司,都将被视为外商投资公司。

1. 新设公司

外国投资者在印尼设立外商投资公司的程序为:

(1)成立前:投资者在印尼投资前,首先应查阅《新投资清单》,确保其投资领域并非印尼所禁止或限制外商投资的业务范围以及确认是否存在投资比例限制。

(2)成立时:除《印尼投资法》和《新投资清单》规定的须经有关部门特别批准的特定行业(如银行业)外,印尼对外国投资者的审批要求与本国投资者无异。但是外国投资者应当以外商投资公司的形式在印尼展开投资活动,须满足《印尼公司法》提出的必须有 2 个以上股东的要求,并符合《印尼投资法》关于注册资本不低于 100 亿印尼盾(不包括土地和建筑物价值)的规定。经确认设立外商投资公司的条件满足的,在

---

① 中国企业收购印尼上市公司(PT Tbk)的案例有:2023 年 12 月 22 日,江苏亨通光电股份有限公司完成对 PT Voksel Electric Tbk. 42.97 %股份的收购,Voksel 银行是印尼最大的电缆整体解决方案提供商之一。参见《亨通光电:1.86 亿元收购印尼上市公司 Voksel42.97%股份并获控股权 推动东南亚市场电力领域布局》,载东方财富网,https://finance.eastmoney.com/a/202312282945919485.html。

② 参见杨景、胡瑞瑞:《中资企业也可以在印尼上市(IPO)?!》,载走出去导航网,https://www.investgo.cn/article/yw/tzyj/202112/571742.html。

公司成立阶段,申请人应预留公司名称、签署公司成立契约、提供公司住所证明、取得印尼法律和人权部的审批。

(3)成立后:获批后,申请人应从税务总局获得纳税注册登记号(Nomor Pokok Wajib Pajak, NPWP, Tax Identification Number),通过OSS系统申请业务识别号、标准证书或营业执照(如需要)。

外商投资公司的设立流程及预计办理时间如表10-2所示,成立阶段通常需要2周至4周的时间。

表10-2 印尼外商投资公司的设立流程和时间

序号	设立流程	主管机构	计划时间(工作日)
1	公司名称	法律和人权部	1~2
2	公司成立契约(含公司章程)并公证	公证人	1~7
3	外商投资公司注册批准书	法律和人权部	3~10
4	公司住所证明 (若公司设立在雅加达,无须提供)	办公楼业主 和地方议会	3
5	申请业务识别号	OSS系统 (投资部)	3
6	取得纳税人识别号	税务局	3

2. 收购现有印尼公司的股权

根据《印尼投资法》规定,在印尼从事任何形式的外商直接投资活动均须以外商投资公司的形式进行。除新设一家外商投资公司外,外国投资者还可收购印尼本土现有的公司并将其转变为外商投资公司,从而实现投资目的。

外国投资者收购印尼本土公司的优势在于:投资者可以借助其现有的客户群和品牌知名度而免于从零开始,还可以利用当地企业的现有许可证、办公场所、员工、经验、技术和分销渠道。

(1)收购的前提

若外国投资者计划收购一家印尼本地PT公司,首先需要考虑的是:由于印尼本土公司在被外国投资者收购后会转为外商投资公司,进而将受限于《印尼投资法》及《新投资清单》关于外资的禁止或限制性规定,因此投资者在作出收购决定前首先需要确定该目标印尼本土公司在转为外商投资公司之后是否受到限制以及在多大程度上受到限制、投资股权比例上是否受到限制。

其次,印尼对外商投资公司的最低资本要求(100 亿印尼盾)同样适用于外国投资者收购印尼本地公司的情形。前述最低资本要求适用于单个行业,若投资者希望外商投资公司在两个单独的业务领域中发展,则投资计划将翻倍,且无论投资者计划持有该外商投资公司的 100% 还是 1% 的股权。因此,若印尼本地的目标公司的资本少于外商投资公司所需的资本金额,则投资者需要增加资本方能完成收购。

(2)收购程序

①收购/合并非上市公司的主要流程

交割前:

a. 签署《附条件的股份购买协议》(Conditional Sale and Purchase Agreement,CSPA)。

b. 收购/合并公告。董事会必须在批准收购/合并的股东会(General Meeting of Shareholder,GMS)召开前 30 天,在至少一家全国范围流通的报纸上公布该收购/合并计划,并应以书面方式向被收购/合并公司的员工宣布拟议的收购/合并,并赋予员工选择是否终止劳动合同的权利。如员工选择终止劳动合同,则需向员工支付补偿金。①

c. 股东会批准收购/合并交易。

d. 债权人批准拟议交易。② 债权人有权自公告之日起 14 天内提出异议,逾期未提出异议的视为债权人同意拟议交易。

e. 公告期内无异议的,目标公司召开股东大会并作出批准收购/合并的决议。

---

① 参见《印尼公司法》第 127 条第(2)项。

② 参见《印尼公司法》第 127 条第(4)项至第(7)项。

另需注意，如收购非上市公司是通过目标公司增发股份使外国投资者获得控制权，则需在上述第2步之前由目标公司董事会额外准备收购/合并计划，包括但不限于以下信息：各方名称及住所、收购方或合并方董事会执行收购/合并的原因和解释、收购方和被收购方最近1年财务报告/每个参与合并的公司的过去3年的财务报告、在股份支付情形下的置换股份的评估和转换程序、收购的预估时间、收购完成后的公司章程修正案（如有）等。

交割：

a. 支付价款［与《股份购买协议契约》（Deed of Shares Sale and Purchase，SPA，定义见下文）签署同步或早于SPA签署］。需要注意的是，与中国法律实践不同，在印尼，交易价款需要在交割时完成100%的支付。印尼一般的实践是，在CSPA签署时，收购方先行支付一笔首付款，进而在CSPA签署至交割完成期间内分期付款，在交割时（即签署SPA时）支付剩余全部价款。

b. 签署SPA。在CSPA中约定的交易先决条件全部完成后，双方可以签署SPA。需要注意的是，在收购情况下，若控制权发生变更，则SPA必须公证。即应在公证员的见证下准备收购文件，包括批准拟议收购计划的股东大会决议和由股东直接签署的收购契约等文件，且该文件均应以印尼语撰写。① 其他情况下，SPA并非必须公证。在印尼，SPA的签署以及目标公司在股东登记册中作出新股东登记，即意味着交割完成。

交割后：

a. 法律和人权部签发批准或签发收购通知回执。目标公司是需要取得法律和人权部签发的批准还是仅收到法律和人权部的通知回执即可，系取决于哪些章程条款发生了变更。

b. 需取得法律和人权部签发的批准的情况。如果注册资本、实缴资本或经营范围等发生变更，则必须先经公证员公证相关条款的变更，并进而由公证员向法律和人权部提交相关文件，最终取得法律和人权部签

---

① 参见《印尼公司法》第128条。

发的批准。时间为公证员提交相关文件后 1 个工作日。

c. 仅取得法律和人权部的通知回执即可的情况。如果公司信息发生变更,如股东、董事会成员(board of director)、监事会成员(board of commissioners)变更,则在公证员向 MOLHR 提交相关文件后,法律和人权部将签发通知回执。时间需要 1 个工作日。

d. 依法履行公司注册手续,前述 OSS 申请有关流程同样适用。①

e. 向印尼竞争委员会(Komisi Pengawas Persaingan Usaha, KPPU)申报(视情况而定)。如果交易满足印尼反垄断申报的条件,则目标公司需要在该兼并、合并或股权收购发生(交易完成或交割之日)的 30 个工作日内提交 KPPU,办理经营者集中申报。关于经营者集中申报的内容见下文。

②收购上市公司的主要流程

根据《关于上市公司收购的金融服务管理局第 9/POJK. 04/2018 号条例》(《第 9/2018 号 OJK 条例》, Regulation No. 9/POJK. 04/2018 dated 27 July 2018 on Takeovers of Public Companies)的规定,收购印尼上市公司是指通过收购导致公司控制权发生变更的如下行为:i)该股东持有公司 50% 以上股份;或 ii)通过任命或解雇公司的董事等人员或修改公司章程,能够直接或间接控制公司决策。

关于收购事项,上市公司与非上市公司的规定基本相同,但收购上市公司存在强制性要约收购等特别规定。下文主要就收购上市公司的特别流程进行介绍:

a. 收购意图的公告。收购方在作出收购目标上市公司的决策后,需要在至少 1 家全国范围流通的报纸上发布公布,并向目标公司表示收购意图。

b. 收购方取得目标上市公司股东大会批准收购的决议。(根据公司章程相关程序进行)

c. 取得法律和人权部的批准。(与前述非上市公司收购流程类似)

---

① 参见《印尼公司法》第 21 条、第 132 条。

d. 收购成功的公告。收购完成后，收购方应当在至少一家全国范围流通的报纸上公布该收购，并在收购完成的1个工作日内通知金融服务管理局（Otoritas Jasa Keuangan，OJK）。收购公告应当包含以下信息：收购股份数量、被收购的股东姓名、每股收购价格和股份所有权总数；收购方姓名、地址、监事及高管等信息；收购的理由。

e. 强制要约收购（Mandatory Takeover Offer，MTO）。收购上市公司后导致其控制权发生变更的，收购方或其代表（收购方的控股子公司）必须购买公司的剩余股份。

i. 在发出收购成功公告后2个工作日内，向金融服务管理局和上市公司提交强制要约收购申请、强制要约收购信息披露公告文本及相关文件；

ii. 在收到金融服务管理局授权披露回执的2个工作日内，在至少一家全国范围流通的报纸或证券交易所网站上发布强制要约收购公告；

iii. 在强制要约收购公告发布的30天内（“要约期”）进行强制要约收购，目标公司股东可以选择接受或拒绝该要约。收购方需要在要约期内取得该要约已被接受的所有股份；

iv. 在发行期结束的至少12个工作日内，通过转账方式完成交易；

v. 在强制要约收购交易完成的5个工作日内向金融服务管理局提交强制要约收购执行报告。

此外，如果涉及上市公司的控股子公司被收购发生控制权变更，若交易价值占上市公司权益比例在20%～50%，则需要在规定时间内向金融服务管理局报告。如果交易价值占上市公司权益比例达到50%之上，则构成重大交易，上市公司必须召开股东大会，并取得股东大会对该交易的同意。股东大会召开的时间大约35天，其中包括至少14天向股东发出的股东大会召开公告（在向股东发出召集之前），以及至少21天向股东发出参加股东大会的召集通知。

（3）经营者集中申报

在印尼，并购控制受2023年第3号KPPU条例（KPPU Regulation

No. 3 of 2023 on Merger Filing Procedures)[①]以及《印尼创造就业法》相关条款(合称《印尼竞争法》)规范,对符合条件的并购交易提出了交易后强制申报要求(post-transaction notification)。当触发以下一项或多项门槛条件时,在收购依法生效日[②]起30个工作日内,收购方应当通知KPPU,未在期限内申报的可能被KPPU处以高额罚款:[③]

①收购完成后的全球资产总价值超过2.5万亿印尼盾;或

②收购完成后的印尼营业额超过5万亿印尼盾。

KPPU在收到申报材料后60个工作日内对其进行审查,期间有权要求申请人解释说明,KPPU将在90个工作日内完成实质性评估并发表意见。

此外,只要KPPU认为该交易可能导致印尼市场反竞争效果,其就可以对该交易展开调查。因此,尽管印尼目前仅设置了收购后的强制通知制度,收购前的通知具有自愿性质,KPPU仍建议收购方在交易前通知或咨询该机构,以便KPPU在得出该交易可能违反《印尼竞争法》结论时,可以加快通知流程避免重新评估已完成的交易,从而将交易风险和损失降到最低。

(4)收购涉及的主要交易文件

与中国一般法律实践不同,印尼的交易文件主要由以下文件组成:

①附条件的股份购买协议(Conditional Sale and Purchase Agreement, CSPA)

CSPA是指附条件的股份购买协议,顾名思义,在CSPA中主要约定交易的先决条件以及陈述保证条款。仅在CSPA中约定的先决条件全部满足之后或者交易双方予以豁免之后,才能进入交割环节。

---

① 参见Indonesia: Merger control regulation officially revamped, including introduction of filing fees,载Baker MaKenzie网,https://insightplus.bakermckenzie.com/bm/antitrust-competition_1/indonesia-merger-control-regulation-officially-revamped-including-introduction-of-filing-fees。

② 系指该交易所涉公司章程修正案已提交印尼法律和人权部并获批准。

③ 根据《印尼创造就业法》及其配套措施规定,取消了对刑事处罚及行政罚款上限的规定,根据之前的条例,行政罚款上限为250亿印尼盾。

②股份购买协议契约(Deed of Shares Sale and Purchase,SPA)

与中国交易文件不同,在印尼,SPA 中仅规定股份购买事宜(如价格和数量),而不能规定其他内容,尤其是不能规定任何交易先决条件。

③主要合同(Master Agreement,MA)

基本上,MA 类似于框架协议,其中会包含一些不适合作为 CSPA 先决条件的条款,以及 CSPA 约定形式、SPA 约定形式、其他交易文件的约定形式。一般在 MA 中对 CSPA、SPA 和其他交易文件作出约定后,在真正签署 CSPA 或 SPA 时就无须再次进行深入谈判了,而是基本可以直接签署。MA 也可以与 CSPA 同时签署。

④股东协议(Shareholder's Agreement,SHA)

SHA 中一般约定董事会(Board of Directors,BOD)、监事会(Board of Commissioners,BOC)和股东会的议事规则以及职权。需要注意的是,印尼的 BOD 由公司的执行管理人员组成,启动、执行公司经营活动和政策,因此印尼的 CEO、COO 和 CFO 多半都是董事会的组成人员。监事会监督董事会的行动,并对董事会作出建议。这点需要注意与中国的董事会和监事会作出区分。

此外,根据具体交易情况的不同,交易文件还可能包括回购协议(Put Option Agreement)。而中国实践中视为交易文件的公司章程在印尼则不构成交易文件。印尼的实践中,由公司原股东在交割前作出章程变更的决议,由老股东签署新的公司章程,收购方并不需要签署。

3. 收购现有印尼公司的资产

收购资产在符合下列条件时视同收购公司股份,且当发生以下情况时应当向 KPPU 报告,对于需要向 KPPU 报告的资产转让门槛标准与股份收购相同:[①]

(1)导致资产控制权或占有权转移;或

(2)导致收购方对某一市场的控制能力增强。

---

① 参见《印尼新并购控制条例》第 5 条。

资产转让交易还需要结合被收购方的公司章程中资产处置有关规定,判断是否需要取得股东大会批准。此外,如果因资产转让而导致公司股本减少,需要遵循《印尼公司法》规定办理减资程序,包括公告、债权人无异议以及取得印尼法律和人权部的批准。

四、投资路径选择

(一)独资,抑或合资

外国投资者在印尼设立外商投资公司既可以选择外商独资企业,也可以选择合资企业。投资者需要结合拟投资领域是否被印尼政府限制投资(限制外资持股比例)来选择新设实体的形式。

1. 独资

《新投资清单》附录一列明的246个"优先发展行业"对投资者完全开放,外国投资者可以设立独资企业直接投资该领域,还可享受企业所得税减免、进口关税优惠及非财政激励等优惠政策。

2. 合资

根据《印尼投资法》和《新投资清单》规定,37个"有条件开放的行业"中部分行业对外商投资设置了外资持股比例的限制条件。例如,对于国内客轮和不定期船活动、国内海上旅游运输等行业,外资最大持股比例49%,外国投资人可通过合资方式进入该等领域。

此外,对于报纸杂志出版业等领域,投资者需寻找到印尼方合作伙伴先行设立公司,待合资公司设立并具备经营条件后以投资方式参与公司发展。

(二)是否设立离岸公司作为SPV

很多跨国企业在开展业务投资时往往会通过离岸特殊目的载体(Special Purpose Vehicle, SPV)实现对印尼的投资,如在新加坡设立SPV,以完成对印尼的投资。外国投资者设立SPV主要是希望实现如下目的:(1)纳税筹划,减少或避免税负,特别是股权转让退出时被征收资本利得税(比如可能征收5%资本收益税,而新加坡是0%);(2)灵活退出,可以通过转让SPV从印尼的业务中退出;(3)避免在印尼直接转让股权面临的监管合规要求;(4)风险隔离,通过设立SPV隔离母公司对印尼业务的直接责任。

(三)SPV,蕴含潜在的税收风险

综上所述,外国投资者采取 SPV 的一个非常重要的考量因素是纳税筹划。在印尼,非居民转让印尼居民公司的股份或印尼资产,除税收协定另有规定外,应按照转让金额 5% 计税(可根据协定减免),所以非常多的外国投资者通过设立 SPV 规避缴纳资本利得税。

但是,如果买方与 SPV 有特殊关系,且购买不是在公平基础上进行的,则通过 SPV 间接购买印尼公司的股份或资产的印尼纳税人可被视为实际购买的一方。此外,若间接出售在避税国[①]设立或注册的 SPV 的股份,并与印尼纳税人或印尼的私人股本有特殊关系,可被视为出售印尼公司或私人股本的股份。财务特殊关系的标准为:(1)另一方的直接或间接股权至少为 25%;(2)通过另一方的直接或间接管理或技术控制建立的关系;或(3)通过血缘关系或直接或间接血统范围内的婚姻建立家庭关系。因此,通过 SPV 间接购买或出售涉及 SPV 的印尼公司股份,只要其与 SPV 具有前述"特殊关系",将被视为是实际购买或出售的一方而负有纳税义务。

在印尼,资本收益(包括出售等转让财产的收益)被视为普通收入并须缴纳所得税,如果未申报相应资本收益税款,则可能面临如下风险:[②](1)相关个人可能因逃税而遭受高额罚款和刑事处罚;(2)股权转让完成后,受让方在与印尼当地主管部门办理相关手续时可能会面临不可预测的困难,比如拒绝变更目标公司的公司名称、高管和法定代表人;(3)该投资者及其所投资的企业将被印尼政府视为具有不良信誉,从而导致将来难以在印尼拓展业务。

---

① 在印尼,避税国是指公司税率比印度尼西亚低 50% 的国家,或有银行保密法且没有与印尼交换信息规定的国家。

② 参见《中国居民赴印度尼西亚共和国投资税收指南》,载中华人民共和国国家税务总局网,https://www.chinatax.gov.cn/chinatax/n810219/n810744/n1671176/n1671206/c2582395/5116207/files/8f472b3b8a984c7f84c8afdee595c7c0.pdf。

（四）设立地选择

虽然在税务方面存在隐患，但是考虑到退出时的灵活性，通过设立SPV开展对印尼的投资还是值得推荐的。

外国投资者对印尼开展投资，对于SPV设立地的选择也需进行评估，主要应当结合如下因素考虑：(1)SPV注册地是否与印尼签署双边投资协定、双重避税协定；(2)SPV注册地日常维系的成本和费用。比如，在中国香港特别行政区设立SPV需要有设立费用和年费、委任会计师的费用，而塞舌尔和萨摩亚相对成本低廉；(3)是否存在导致丧失援引印尼提供的双边或多边协定保护的可能性。出于这方面考虑，不建议选择BVI和开曼此类税收天堂作为SPV设立地。

实践中，中国内地投资者主要选择在中国香港特别行政区和新加坡设立SPV，以开展对印尼的投资。

在新加坡设立控股公司的投资路径的好处在于：在满足新加坡外资公司免税条件的前提下，新加坡提供了非常优惠的税收政策；控股公司设在新加坡，可以为未来拓展在东南亚以及太平洋地区的投资提供便利；对于印尼投资而言，特定的业务对于来自东盟国家的投资有更宽松的投资政策。这一投资路径的劣势有二：一是设立新加坡控股公司将产生一定的运营费用；二是如果新加坡控股公司在新加坡又投资设立公司，则可能因为无法满足新加坡海外股息免税的条件而产生额外的所得税负担。

在中国香港特别行政区设立控股公司的投资路径的好处在于：中国香港特别行政区没有股息及资本利得税，且对取得的海外收入免税；方便人民币资金进出；在使用自有资金投资的情况下，避免了无法满足新加坡外资公司免税条件的风险。根据印尼与中国内地、中国香港特别行政区分别签订的双边税收协定，在中国香港特别行政区设立控股公司不仅能够将股息预提税从10%降为5%，而且能够延迟因双边税收协定无税收饶让而造成的在印尼享受的所得税优惠回中国内地仍需补缴至

25%的情形。[1] 这种投资路径的劣势则在于：设立中国香港特别行政区控股公司将产生一定的运营费用；设立中国香港特别行政区控股公司还需要建立商业实质，以满足未来融资需求。

五、中国企业赴印尼投资的法律建议

（一）跟踪印尼外商投资政策，关注投资清单更新

2020年以来印尼不断修订更新《印尼投资法》及《新投资清单》，原有的负面投资清单不再适用。无论是选择新设公司或收购现有印尼公司股权，投资者均应结合拟投资领域，重点关注该领域是否属于印尼禁止外商投资、限制外商持股比例的业务范围，避免投资风险和不必要的投资损失。若投资者在印尼当地收购了一家公司后发现无法按原计划开展经营活动，则将造成巨大的浪费。当然，若投资者在完成收购后才发现该领域的外资持股比例不得超过49%，仍可通过转让部分股权给印尼个人或公司，或以名义股东（通常为不相关的第三方）登记为剩余股权持有者的方式，继续开展经营活动。

（二）积极配置海外投资保险，保障投资者利益

考虑到对外投资的诸多不确定性，企业应积极利用保险机构、担保机构、银行等金融机构提供的相关服务保障自身利益。投资者可以选择中国出口信用保险公司提供的信用风险保障产品，也可选择中国进出口银行等政策性银行提供的商业担保服务。若投资者决定收购印尼本地公司，可以通过购买并购保证保险以维护投资者利益。

（三）聘请专业的法律团队，强化交易方尽职调查

若投资者计划在印尼当地收购一家公司并希望承继目标公司的资质、许可证，应当聘请专业的中介服务机构开展法律和税务尽职调查。印尼本地有许多大型企业及中小微企业，但并非全部都妥善办理了开展业务所必须的许可证，也有部分本地企业存在大量未缴税款和未履行债务，甚至有可能涉及与第三方的法律纠纷，而尽职调查可以帮助投资者

---

① 参见王素荣：《中国企业投资印度尼西亚的税务筹划》，载《国际商务财会》2019年第3期。

深入了解目标公司的业务资质、债权债务、法律和财务状况。若印尼本地目标公司不具备外商投资公司所需业务活动的必要许可证,建议投资者提前安排时间办理必要的许可证。在投资者最终确定赴印尼投资计划后,建议聘请国际化的专业法律团队,依赖其全球化资源,为投资者在商业谈判、监管机构申报材料准备、公司设立文件或交易文件草拟等方面提供专业服务,为投资项目顺利开展赋能。

后　记

作为东盟最大的贸易伙伴，中国正迅速成为该地区最重要的投资来源国之一。近年来，随着东盟成为中国企业“走出去”的重心，东盟国家也日益成为中国企业出海布局的热门市场。中国与东盟经济具有高度的互补性，东盟各国积极吸引外资，对外开放力度不断加大，营商环境逐渐完善，这些优势使东盟国家逐渐赢得中国企业的青睐。伴随中国企业对东盟投资热情持续高涨，本书应运而生。

上海市锦天城律师事务所王清华律师团队在跨国投资方面有丰富的执业经验，曾为多家企业对外投资提供法律服务，包括为上海能源科技发展有限公司跨境投融资业务提供常年法律顾问服务；曾为潞安集团与美国空气产品（AP）公司合资成立空气产品潞安（长治）有限公司提供法律服务；曾为某地方煤业国企拟投资德国某机械公司股权项目提供法律服务；曾为某地方煤业国企拟与新加坡某能源精炼厂设立合资公司事宜提供法律服务；曾为某煤电企业与新加坡公司子公司境内合作设立公司项目提供法律服务；曾为某央企上市公司在刚果共和国（刚果布）的矿产项目债务重组提供法律服务；曾为阳光电源股份有限公司在越南进行光伏电站项目开发、建设等事宜提供法律服务。在公司投融资法律服务方面：王清华律师团队曾为数十家内、外资企业的直接和间接投融资项目提供法律服务，包括私募股权投资，新设公司，境内外收购兼并，改制和资产重组，有关企业申请在中国内地、中国香港特别行政区、马来西亚等国家和地区首次公开发行股票等法律服务。

在多年的执业过程中，王清华律师团队发表过许多关于中国企业对外投资法律实务的文章。本书的主要内容最初陆续在锦天城“一带一路”法律服务中心公众号上发布,并获得很多企业和实务工作者的好评。2024 年 5 月 28 日,威科先行携手锦天城律师事务所发布了《2024 版东盟十国投资指南》,本书的主要内容在线上发布。2024 年 6 月 19 日,锦天城律师事务所联合上海交通大学凯原法学院、鸿鹄律师事务所(Bird & Bird)共同举办了“中国企业赴东盟投资法律高端论坛”。该论坛由上海交通大学凯原法学院涉外法治研究中心、教育部涉外法治人才协同培养创新基地(上海交通大学)、上海高校涉外法治人才教育培养基地(上海交通大学)承办,威科先行、上海市企业法律顾问协会外商专委会、勤锡法证协办。在论坛上,锦天城高级合伙人、西雅图办公室负责人王清华博士介绍了《2024 版东盟十国投资指南》的发布背景和主要内容。2024 年 7 月 5 日,上海市欧美同学会法律分会举办了《2024 版东盟十国投资指南》的分享会。法律分会理事、上海市锦天城律师事务所高级合伙人和西雅图办公室负责人王清华分享了本书的主要内容。在此感谢上海市锦天城律师事务所、上海交通大学凯原法学院、鸿鹄律师事务所(Bird & Bird)、威科先行、上海市欧美同学会等单位对上述活动的支持,并感谢在这些活动中对本书提出建议的各位专家学者和实务工作者。

本书是团队律师实务的总结,也是团队集体智慧的结晶,施理博士参与了王律师团队的大多数项目,本书整个框架和内容也得益于施博士的精心设计和指导。王沁怡律师参与了本书整体框架的修订、联络、统稿等复杂的工作。周文光(Marcus Chow)是锦天城战略合作伙伴——国际律师事务所鸿鹄新加坡办公室(Bird & Bird ATMD LLP)的合伙人,他是东盟十国投资之新加坡篇的作者之一。团队的颉音律师、袁柳雅、傅天涵以及锦天城的党颖律师参与了本书的写作。希望本书对于有志于海外投资业务的实务工作者有所裨益,其中疏漏也在所难免,欢迎各位读者批评指正。